JN024744

ホントの
自分はどっち？

天使と悪魔の心理テスト

著 中嶋真澄

大泉書店

この本を手にとったあなたへ

いきなり質問だけど、

あなだは ？　あなたは ？

突然すぎて答えにくいかしら？

答えはどっちも。

人間には天使のように澄んだ心の部分と、

悪魔のように邪悪な心の部分があるの。

悪魔の部分を持っている自分はダメな自分だって？

そんなことないよ。

悪魔の部分があるから、人の傷みやくやしさが

わかることだってあるし、やきもちや怒りが、目標に向かって

すごいエネルギーをもたらすことだってあるんだよ。

逆を言うと、天使の部分があるから、

まわりの人をはげましたり、

勇気づけたりすることができることもある。それに自分自身が

愛で包まれることで、とても幸せな気持ちになれるんだよ。

どっちも本当の自分だから、人間っておもしろいの。

ただ、天使の顔がのぞいたり、悪魔の顔がのぞいたりする
状況は一人ひとりちがうんだよね。
この本で紹介している心理テストをやってみると、

どんなときに自分が天使なのか、悪魔なのかがわかっちゃうの。

ね、ちょっと**ドキドキ**してきたでしょ？
でも、こわがらず、思いきって、楽しんでみよっ！

だって、どっちの顔が出てきても、**本当の自分**なんだから。

キャラ紹介

アンジュ

天使界の少女。人間が忘れかけている自分のやさしい部分や、思いやりのある行動をとるにはどうすればよいのかをアドバイスしてくれる。

ソルスィ

悪魔界の少女。人間のずるい部分や弱い部分をつっつくのが好きで、ひとりでも多くの人間を悪魔界に引き込もうとしている。

もくじ

第1章 天使と悪魔のドキドキ性格診断

第3章 天使と悪魔のトキメキ恋愛診断

第1章

天使と悪魔の
ドキドキ性格診断

テスト1 本当のあなたの性格は?

あなたの中の天使と悪魔はどんなタイプかな?
Q1から順に答えながら進もう。

Q1 声は大きいほう?

a 大きいほう
⇒ Q2 へ

b それほど大きくはない
⇒ Q3 へ

Q2 おもしろそうなことはなんでもすぐやってみるタイプ?

a すぐやる
⇒ Q4 へ

b そうでもない
⇒ Q5 へ

Q3 マンガを読むなら?

a 泣ける話
⇒ Q6 へ

b 明るく、楽しい話
⇒ Q5 へ

Q4 お休みの日は?

a スポーツをしたり、レジャーに出かけたりする ⇒ Q7 へ

b 家でゆっくり読書やお菓子づくりを楽しむ ⇒ Q8 へ

Q5 初めての場所に行くときは?

a だれかにいっしょに行ってもらう ⇒ Q9 へ

b ひとりでも平気
⇒ Q8 へ

Q6 友だちが自分と同じものを持っていたら?

a うれしい ⇒ Q9へ

b うれしくない ⇒ Q10へ

Q7 好きなことができると?

a 飽きずにそればかりやっている
⇒ 12ページ タイプA

b ある程度やったら、ちがうことをしたくなる
⇒ 13ページ タイプB

Q8 自分が大事にしているものを友だちがほしいと言ってきたら?

a ゆずってあげる
⇒ 14ページ タイプC

b ぜったいにあげない
⇒ 13ページ タイプB

Q9 ウソ泣きが得意?

a 得意
⇒ 14ページ タイプC

b 得意ではない
⇒ 15ページ タイプD

Q10 正義感は強いほう?

a 強い
⇒ 15ページ タイプD

b そうでもない
⇒ 16ページ タイプE

➡診断結果は次のページ

あなたの中の天使と悪魔のタイプ

 純真天使 ＋ あっけらかん悪魔

あなたはとても純粋な気持ちの持ち主。天真爛漫で、素直なところがまわりの人からも愛されているよ。

思ったことはすぐに口に出して伝えるので、ウソをついたりごまかしたりすることもそんなにないようだね。でも、あまりにもはっきり自分の意見を言うので、人を傷つけてしまうような発言になってしまうこともあるようだよ。

話す前に相手がそれを聞いてどう思うかを考えてから話すといいね。

純真天使

あっけらかん悪魔

12

タイプB　明るい天使 + 冷めた悪魔

明るい天使

あなたはとても明るい気持ちの持ち主。好奇心旺盛で、なんでも楽しいことが好き。持ち前の明るさで、まわりの人を元気づけてあげられるよ。でも、いつも自分は楽しい気分でいたいから、落ち込んでいる人や悩みをかかえている人にはそばにいてほしくないみたい。人に対する思いやりの気持ちが少なく、わりと冷めた目で物事を見ているところもあるようだね。

つらい思いをしている人には、声をかけたり、話を聞いてあげたりして、やさしい気持ちを向けてあげるといいよ。

冷めた悪魔

あなたはとてもあたたかい気持ちの持ち主。親切で、思いやりがあり、相手の立場になって考えることができるようだね。まわりの人が何を求めているのか、何を必要としているのかをすばやくキャッチする能力もあるみたい。とくに大人の顔色を見て、大人が気に入りそうなことを言ったり、行動したりすることもありそう。どうすれば気に入られるかを知っている、したたかな面もあるよ。

やさしい天使

そんなにいい子ぶらなくてもだいじょうぶだよ。どうせいつか、化けの皮がはがれるんだから。

したたか悪魔

14

タイプ D　臆病な天使 ＋ カリスマ悪魔

あなたはドキドキしやすい気持ちの持ち主。臆病で、緊張しやすいところがあるのね。本当はとても注意深い人なのに、ドキドキしやすいハートを持っているせいで、注意がおろそかになってあわててしまうことがありそう。でも、思いきって行動に出ると、臆病とは真逆の、自信のある人に見られるみたい。それが時には、まわりをひきつけるカリスマ的な魅力となって発揮されるわ。

臆病な天使

とはいえ、ドキドキはなかなか直らないものよ。

カリスマ悪魔

タイプE　ナイーブな天使 ＋ ネクラ悪魔

あなたはとても繊細でやさしい心の持ち主。でも、そのぶんほかの人ならなんとも思わないことでもすぐ傷ついてしまうところがあるよ。気分にむらがあって、明るくふるまえるときと、ふさぎ込んでしまうときがあるみたい。みんなが楽しそうにしているとき、ひとりだけ暗い顔をしてふさぎ込み、ため息をついていたりすることも。そういうネクラな態度はまわりの人の楽しい気分を台無しにするわ。

ナイーブな天使

気分転換することで、
気持ちの入れかえをしないと、
まわりの人もはなれちゃうよ〜。

ネクラ悪魔

テスト2 最初につぶやいた言葉は?

ずっとねむりについていたお姫さまが目覚めたよ。
いちばん初めにつぶやいたのはどの言葉?

 A 「私はいま どこにいるの?」

 B 「私はこれから どうなるの?」

 C 「私はいったいだれなの?」

→診断結果は次のページ

17

このテストでわかるのは……
あなたがこれからの自分に必要としていること

Ⓐ 自分のことは自分でやること

自分のことはぜんぶ自分でやりたいと思っているようだね。「自立心」が芽生えているわ。自立心があることは大人になってきた証拠。失敗もあるかもしれないけれど、自分で自分のことをすると、いろいろなことが学べ、しっかりした大人になれるはずだよ。

Ⓑ 知恵のある人からいろいろ学ぶこと

自分を導いてくれる人がいてほしいと思っているみたい。物語の世界でいうと、知恵を授ける長老や魔術師、師匠や先生と呼ばれるような人。そういった知恵ある人の教えを身につけると、どんどん成長していけるはずだよ。

Ⓒ まわりから認められること

自分のいいところを認めてもらいたい、ほめてもらいたいという気持ちが強いようだね。あなたにはほかの人とはくらべられない個性や長所などがあるよね。それをのばしていくのにはどうしたらいいのか、いつも考えて努力することを続けていけば、必ず自分のアピールできるものが見つかるはずだよ。

自分に必要なものなんて考えなくていいよ。
ぼんやりしていても大人になっちゃうんだから。

テスト3 お弁当はだれと食べる?

遠足のお弁当の時間。先生から「だれと食べてもいい」と言われたよ。
さて、あなたはどうする?

A
遠足で班がいっしょになった人たちと食べる

B
クラスの元気な子たちとワイワイにぎやかに食べる

C
友だちがいない子をさそっていっしょに食べる

D
ひとりで食べる

➡診断結果は次のページ

まわりから見たあなた

A まじめなリーダータイプ

しっかり者でだれとでも平等につき合えるあなたは、学級委員などに選ばれやすい人。自分からリーダーになりたがるタイプではないからこそ、みんなからは逆に信頼されているみたい。

> そんなあなたを「優等生ぶってる」ってやきもちをやく人もいるかもね。

B ひときわ目立つスタータイプ

明るく積極的で、まわりの人を元気な気持ちにさせることができるあなたは、みんなの注目の的！　悩みもなく、自分に自信があるように見られていて、あなたにあこがれている人も多いみたいだよ。

> そんなあなたを「ただの目立ちたがり屋」と言いたがる人もいるかもね。

C みんなのいやしの女神タイプ

友だち思いで、とてもやさしいあなたは、困っている人がいると助けずにはいられないタイプ。みんなからも「やさしい人」「いい人」と思われているはずだし、あなたのやさしさに助けられている人も多いはず。

> そんなあなたを「八方美人」とささやく人もいるかもね。

D 孤独を愛するプリンセスタイプ

まわりの人と距離を置くあなたは、何を考えているのかよくわからない人と思われているみたい。でも、ひかえめなのにどこか芯の強そうなところがあるあなたに、あこがれている人もいるはずだよ。

> そんなあなたを「変わり者で、たよりにならない」と言う人もいるかもね。

テスト4 どの写真を見せる?

携帯電話に保存してある写真を友だちに見せるなら、
あなたはどの写真を見せる?

A 仲良しの友だちみんなで写った写真

B 超絶かわいく写った顔のアップ写真

C 風景をバックにした横顔の写真

D お気に入りの風景だけの写真

➡診断結果は次のページ

このテストでわかるのは……

まわりに求めている あなたの心の声

Ⓐ 私をひとりにしないで！

あなたは「みんなで遊びに行くときは必ず自分もさそってほしい」「仲間はずれにしないでほしい」と思っているよ。「ずっと仲良くして」「困ったときには相談にのって」「かげで私の悪口を言わないで」というのがあなたの心の声。

つまり、「極度のさびしがり屋」なのよね。

Ⓑ みんな、私をほめて！

あなたは「見て見て、私を見て」と言いたいのね。「無視しないで」「私に注目して」「いいところはどんどんほめて」「すごいねって言って」というのがあなたの心の声。

ようは、ちやほやされたいんでしょ。

Ⓒ 私を特別にあつかって！

あなたは「自分は傷つきやすいので大事にしてね」と言いたいのね。「みんなと同じあつかいをしないで」「みんなといっしょにされるのはイヤ」「もっと私の気持ちをわかって」というのがあなたの心の声。

ひと言で言うと「お姫さまのように特別あつかいしてほしい」かな。

Ⓓ 私はひとりでいるのが好きなの！

あなたはまわりの人に「あまりうるさくしないで」と言いたいようよ。ドカドカと近づかれたくないし、とくに「いっしょにやろうよ」などと言ってうでを引っ張られたりするのがイヤなのね。

「放っておいて」「かまわれたくないの」と思っているようね。

テスト5 どんな風景?

朝、目が覚めて部屋の窓を開けると、
いつもとはちがう風景が広がっていたよ。それはどんな風景?

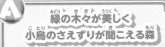

A 緑の木々が美しく
小鳥のさえずりが聞こえる森

B 噴水や彫刻がある
バラの庭園

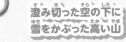

C ヨットやサーファーが
見える海と水平線

D 澄み切った空の下に
雪をかぶった高い山

→診断結果は次のページ

23

あなたのかくれた長所

A 平等にみんなの幸せを願えるところ

あなたは自分で思っているよりずっとかしこい人。頭の中が澄み切っていて、純粋で、ずるい考えや人を差別する気持ちがぜんぜんないの。人間だけでなく自然の生き物たちみんなが幸せに暮らせる世界を望んでいるよ。もしかしたら将来は地球環境を守り、世界中の人々が平和に暮らせるような活動をする人になっているかもしれないね。

B 感性がするどいところ

あなたは美しいものを愛する人。きれいなものや心が感動するようなものを求めているよ。自分が身につける洋服や持ち物などにも、自分のセンスに合うものや本当に気に入ったものだけを持っていたいのね。まわりに流されず、物の価値を見極める目をしっかり持っている人だよ。

C 前向きに考えられるところ

あなたは自由を愛する人。明るい未来を信じ、未来へのあこがれと希望を持っているよ。つらいことやうまくいかないことがあっても、決してあきらめず、前に向かって進んでいくことができる人なの。だから自信を持って、やりたいことはどんどんやってみて！

D 努力を惜しまないところ

あなたは目標に向かって努力することができる人。勉強や習い事、なんでもやりはじめたことはとちゅうで投げ出したりしないはずよ。コツコツ努力を続けていくことで、自分の力に変えることができる人なの。その努力のしかたはみんなのお手本になり、まわりからも尊敬されるよ。

自分のよいところをのばしていけるといいわね♡

24

テスト6 プレゼントの包みは？

クリスマスに友だちとプレゼント交換をすることになったよ。
あなたが用意したプレゼントの包みは、次のうちのどれ？

A 大きな包み

B 小さな包み

C きれいな包み

D シンプルな包み

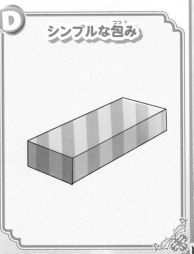

➡診断結果は次のページ

このテストでわかるのは……

あなたはどんな ハートの持ち主?

A 大きなハートの持ち主

広い心と正義感を持ったあなた。いじめられている子がいたら、どんな強い相手でも立ち向かっていき、守ってあげることができるよ。本当は苦手な相手でも、困っているのを見たら助けてしまうほど、正義感が強い人ね。

でも自分が人に助けてほしいときはなかなか言えないんじゃない?

B ピュアなハートの持ち主

落ち着きがあって、大人っぽいあなた。自分の家族や友だちをとても大切にしているわ。また、たくさんのものをほしがるのではなく、本当に大切なものだけが少しあれば、それで満足できちゃうタイプ。そんなあなたは、にごったところがない人だよ。

でも、たまにいらないものまでため込んでしまうことがあるみたい。

C かがやくハートの持ち主

「好き」という気持ちを大切にしているあなた。自分だけでなく、家族や友だちのことも大好き。そして、まわりの人に自分を好きになってもらえる、キラキラした魅力も持っているの。

でも、たまに自分よりステキな人がいると、ライバル意識を持ってしまい、その人のことを悪く言いたくなるようだよ。

D 誠実なハートの持ち主

自分をしっかり持っているあなた。いつも誠実でいようと心がけているようだね。ずるいことや悪いことをしてはいけないという気持ちも強いみたい。どんな人にも平等に接することができる人だよ。

でも、たまにずるいことをしている人を見ると、「罰が当たればいいのに」と思ってしまうことがあるみたいね。

テスト7 ほかの人と服がかぶったら？

お気に入りの服を着てパーティーに参加したら、
同じ服を着ている人がいたよ。さて、あなたはどうする？

 A 「同じだね」と言って、その人と仲良くする

 B その人には近づかないし、その服はもう着ない

 C どちらがよく似合っているか、見くらべてしまう

➡診断結果は次のページ

診断7

このテストでわかるのは……

あなたのナルシスト度

ここで言っている
ナルシストとは
「自分のことが大好きな人」と
いう意味よ。

A ナルシスト度10%

あなたは自分のこともまわりの人のことも、とても気にしているようだね。まわりの人と同じ行動をしていると安心できるみたい。それは自分を好きなのと同じぐらい、まわりの人のことも大切に思っている証拠。まわりの人から好かれていることがわかると、もっともっと自分を好きになれるはずだよ。

B ナルシスト度90%

あなたはいつも自分のことだけを見つめているようだね。友だちと話すより、心の中の自分とお話ししていることのほうが多いんじゃない？　自分のことが大好きすぎて、ずっとずっと自分だけを気にかけて見つめていたい人なのね。

C ナルシスト度50%

あなたはまわりの人から自分がどう見られるかを気にしているよ。もちろん、「ステキだね」と言ってもらいたいし、みんなから好きになってもらいたいでしょ。だからこそ自分をもっとみがいて、みんなのあこがれの的になれれば、自分のことが大・大・大好きになれるわ。

28

テスト8 どのメニューを選ぶ？

いとこのお姉さんがファミレスでごちそうしてくれることになったよ。
お姉さんが選んだのはBランチ。さて、あなたはどのメニューにする？

A いちばん高くて、おいしそうな Aランチ

1600円

B お姉さんと同じ、Bランチ

1000円

C いちばん安い Cランチ

650円

テスト9 大切なものを捨てられたら？

あなたが大切にしていたぬいぐるみをおうちの人が
うっかり捨ててしまったよ。「代わりのものをプレゼントする」と
言ってくれたけれど、あなたはなんて返事する？

A 「同じぬいぐるみを探して買ってきて！」

B 「前のよりもっといいものを買って」

C 「代わりのものなんていらない。ほしくない」

→診断結果は次のページ

診断8 あなたの空気読み度

A 空気読み度30%

あなたはまわりの空気なんかまったく気にしない人。ちゃっかりしていて、自分のほしいものは必ずゲットするタイプね。

B 空気読み度60%

あなたはまわりの空気が読むのが得意な人。その場の雰囲気に合わせて、さりげなく気をつかっているところがあるのね。

C 空気読み度90%

あなたはまわりの空気を読みすぎてしまう人。いろいろなことに気をつかいすぎて、遠慮しちゃうこともあるのね。

診断9 あなたの頑固度

A 頑固度60%

あなたは少し頑固なところがあるよ。まわりに影響されにくく、とくに自分の好きなことや、やりたいことは曲げられないみたいね。

B 頑固度30%

あなたは頑固者ではないよ。人の話は素直に聞いて、自分にとってそのほうがいいと思ったことや、得になることは積極的に取り入れるタイプね。

C 頑固度90%

あなたはかなりの頑固者だよ。こだわりが強く、自分の考えや行動をまわりから反対されると、きげんが悪くなってだまってしまうのね。

頑固すぎると、友だちや身近な人も
めんどくさい人ってはなれていってしまうかもね。

テスト 10 どこにかくす?

とても大切なダイヤモンドがぬすまれないように、
部屋のどこかにかくそうとしたあなた。さて、どこにかくす?

A 柱時計の中

B 花瓶の中

C キャンディの入れ物の中

D 肖像画の裏

E 本棚の本の中

F だんろのまきの中

→診断結果は次のページ

このテストでわかるのは……

あなたのラッキーカラー

A 誠実さを表す水色

水色は、何にでも染まることのできる水の色。だれからも好感を持たれたいあなたにぴったりの色ね。水色のトップスと、純真さを表す白のボトムスを合わせて、さわやかな印象をめざして！

B 気品あふれるベージュ

ベージュって地味な色と思うかもしれないけど、センスのいい人でなければなかなか着こなせないエレガントで洗練された色なの。そでやえりもとにレースかフリルがあると、大人っぽいエレガントさが出るよ。

C やさしさと愛を表すピンク

ピンクはやさしくて愛情豊かなあなたにぴったりな色ね。同じピンクでも濃いピンク、サーモンピンクなどいろいろあるから、その日の気分で、使い分けてみてね。

D 自信を表す赤

赤は自信を表す色よ。自分に自信を持ちたいあなたにはぴったりな色ね。情熱的な色なので、赤いニットにネイビーのスカートなど、ダークカラーとの組み合わせがバランスがとれていいよ。

E 生命力と知性を感じさせる緑

緑はまさに平和主義のあなたにぴったり！　洋服でなくても、ハンカチなど小物に取り入れるのもおすすめ。

F 広々とした大地を思わせる茶色

茶色は心が温かく、だれとでも仲良くできるあなたにぴったりの色ね。ジャケットやバッグなど、大きいアイテムに取り入れてもいいかも。

ラッキーカラーを身につけると、あなたの魅力がますますUPするはずよ♥

テスト11 天使と悪魔からの質問①

次の質問にYESかNOで答えてね。

YESが2個以下 → Ⓐ
YESが3〜5個 → Ⓑ
YESが6個以上 → Ⓒ

1 そこにいない人の悪口を言わない

2 友だちがタレントになったら、心から応援してあげられる

3 宝くじに当たったらぜんぶ寄付してもいい

4 クラスのみんなの幸せを願っている

5 クラスで苦手な人にも親切にしている

6 先生や家族にウソをついたことはない

7 悪いことをした人も反省したら許してあげたい

8 自分が大事にしているものでも友だちがほしがっていれば、あげてもいい

→診断結果は次のページ

33

あなたのいい子ちゃん度

A いい子ちゃん度20%

あなたは本音丸だしの人で、いい子ぶったところはみじんもないわ。でも、あなたは自分で思っているよりは、いい子ちゃんの部分が少しはあるはずよ。ただ自分でも悪い子ちゃんのほうがちょっぴりカッコいいと思っているんじゃない？

B いい子ちゃん度50%

あなたはいい子ちゃんと悪い子ちゃんが入り混じった人ね。自分でいい子ちゃんになろうと心がけていても、ときどき悪い子ちゃんが顔を出してくるでしょ。でもそれでバランスをとっているところがあるはずよ。

C いい子ちゃん度90%

あなたはとてもいい子ちゃんね。まるで愛といつくしみにあふれる聖女さまのようだわ。そんなあなただからこそ、まわりからもとても愛されているはずだよね。

たとえいま、いい子ちゃんでもいつまでもいい子ちゃんのままなはずないって！

テスト12 天使と悪魔からの質問②

次の質問にYESかNOで答えてね。

YESが6個以上 ➡ Ⓐ
YESが3〜5個 ➡ Ⓑ
YESが2個以下 ➡ Ⓒ

1 おまけつきのものが大好き

2 何もしないでいると、すぐたいくつになる

3 どちらかというと、おしゃべりなほう

4 お祭りや人が大勢集まる外でのイベントが大好き

5 楽しいことがあとからあとから思いうかぶ

6 ほしいものがたくさんある

7 おもしろそうなことは、なんでもやってみる

8 しかられてもすぐに忘れる

➡診断結果は次のページ

このテストでわかるのは……… あなたの欲張り度

Ａ 欲張り度90%

あなたはほしいものがたくさんあって、あれもこれもすぐほしくなってしまうような、欲張り屋さんだよ。それに、とても気が散りやすいようだね。何かしていても、すぐほかのことが気になって、そっちに目移りしちゃうみたい。一か所にじっとしていられないのね。

Ｂ 欲張り度50%

あなたはみんなが持っているものは自分もほしいし、いまは必要ないものでもほしくなることがあるでしょ。ちょっとだけ欲張り屋さんだよ。それに、ときどき気が散ることがあるようだね。とくに家で宿題をしているときなど、気が散って、なかなか集中できないことがあるみたいだね。

Ｃ 欲張り度20%

あなたはもっと欲張りになってもいいよ。それに、集中力があって、あまり気が散ることはないようだよ。そこはとてもいいところだけれど、でも、もっといろいろなことに関心を持ってもいいかも。何かおもしろそうなことはないかしらと、まわりにアンテナを張ってみよう。

欲張りな人は、気が散りやすいの。だから、あなたの集中力も続かないのよ。

テスト 13 ヒロイン役、引き受ける？引き受けない？

劇の主役に推薦されたよ。その役はあなたが
ひそかにあこがれていた役。さて、あなたはなんと言う？

 A 「やります。やらせてもらいます!」

 B 「私にできるかなあ。ちょっと無理かも……」

 C 「うーん、ちょっと考えてみます」

 D 「ほかにやる人がいなければ、やってもいいです」

→診断結果は次のページ

診断 13 このテストでわかるのは……
あなたの誤解されやすさ

A 誤解されやすさ度20%

あなたははっきりものを言えるので、言ったことはその通りほかの人にも通じているはず。だから、あまり誤解されることはないよ。ただ、あなたはいつもハキハキしていて、自分に自信がある人と思われているので、傷つくこともあるんだよってところ、だれもわかってくれていないかも。

> 傷ついたら、悲しいってちゃんと本音をぶつけてみるといいよ。

B 誤解されやすさ度80%

あなたは口に出して言っていることと本心がちがっていたりするので、誤解されることも多いみたい。自分の言ったことがいいほうに受け止めてもらえてなくて「そんなつもりで言ったんじゃないのに」って、弁解したくなることもありそう。誤解されないためには、はっきり言ったほうがいいこともあるよ。

C 誤解されやすさ度10%

あなたは何を考えているのかよくわからない人と思われていそう。まわりの人はあなたのことを誤解する以前に、何を考えているのかわからないから、誤解しようもないってわけ。ときどきは、いまどう思っているのか、どう感じているのか、自分の気持ちを口に出してみようよ。

D 誤解されやすさ度50%

あなたはときどき誤解されることがあるみたい。あなたのことを本当にいい人だと思って好感を持っている人もいるけれど、いい人ぶっててウソくさいと思っている人もいるみたいよ。でも、気にせずこれまで通りにしているといいよ。誤解してる人もいつかきっとわかってくれるはず。

テスト14 どんな文章にする?

「空を見上げたら」という書き出しで、小説を書く場合、
その次につなげる文章は次のうち、どれにする?

A 夜空に星がかがやいていました。

B 月がのぼっていました。

C 太陽が明るくかがいていました。

テスト15 思い出したのはどんなこと?

すごく疲れた一日。あなたがねる前に思い出したことは、
次のうちのどれ?

A 腹が立ったこと

B 反省しなければいけないこと

C 悲しかったこと

➡診断結果は次のページ

診断 14 あなたのさびしがり屋度

A さびしがり屋度10%

あなたはひとりでいてもまったくさびしくないみたい。むしろひとりでいるほうが、だれにもじゃまされず、自分の好きなことができていいと思っているみたいだよ。

B さびしがり屋度80%

あなたはさびしがり屋さん。ひとりでいてもさびしいし、みんなといっしょにいてもさびしいのね。でも、あなたのことを大切に思っている人もきっといるはずよ。

C さびしがり屋度40%

あなたは表向き、明るくフレンドリーな人。おしゃべり上手だから、まわりを楽しませ、場を盛り上げることができるよ。でも、ひとりになると、自信がなくなってさびしくなるみたいね。

診断 15 あなたがかくしておきたいこと

A 弱虫の自分

あなたが見たくないのは、弱虫の自分。本当は心が傷ついているときでも、弱音が吐けないのね。それだけ心ががんばっているんだよ。もっと、自分にやさしくして。

> 弱いところがあるほうが楽になれることもあるのよ。

B 悪いことを考えてしまう自分

あなたはだれかのことをきらいになったり、勉強をさぼりたくなったり、ずるをしたくなったりする自分が許せないようだね。でも、だれにでもそんな心はあるよ。そういう自分に厳しくしすぎず、ときには許してあげてもいいんだよ。

C 人をうらやむ自分

あなたは友だちがほめられたり、人気者になったりすると、うらやましく思うのね。そんなときはその気持ちを自分ががんばるほうに向けるといいよ。

テスト16 家にひとりでいると……？

家にだれもいないとき、どんなふうになりやすいかな？

A すぐ外へ遊びに出かけたくなる

B ぼうっとしているうちにねむくなる

C さびしくなって、だれかとおしゃべりしたくなる

D ひとりでできるゲームや好きなことに熱中する

→診断結果は次のページ

このテストでわかるのは……

やりたくないことにぶつかったときの自分

A 人におしつける

あなたはやりたくないことは、ぜんぶだれかほかの人におしつけていない？　やりたいことはいちばんにやろうとするのに、イヤなことからは、なんだかんだと理由をつけてのがれようとするのね。

人におしつけてばかりいると、自分が困ったときに助けてもらえないかもね。

B 忘れたふりをする

あなたはやりたくないことは、忘れたふりをしているみたい。というよりは、本当に忘れてしまっているのかも。心の中から追い出して、そのことについてはなかったことにしてしまうのね。

忘れたふりをしても、いつか自分に返ってくるかもね。

C 口先だけで返事をする

あなたはやりたくないことでも、口先では「はい、はい」って言うかもしれないね。でも、ちゃんとはやらなくて、これぐらいでいいかなって、いいかげんに終わらせようとするよね。

適当にやっていると、まわりからの評判は下がるいっぽうだよ。

D 聞こえなかったふりをする

あなたはやりたくないことは、言われても聞こえなかったことにするみたい。心の中では「うるさいなあ」と思っているから、耳をふさいでる感じになってるのね。たぶん、返事もしないんじゃないかしら。

耳をふさいでばかりいると、なんにも成長できないよ。

テスト17 こわい夢の結末は?

夢の中で、ちょっとしたいたずらから大事件に巻き込まれたあなた。
さて、その結末はどうだった?

A 大勢の人に囲まれ裁判にかけられた

B ひとりの看守にずっと見張られ続けた

C 自由のない部屋に閉じ込められた

その夢に私は出て来なかった?

→診断結果は次のページ

43

診断17 このテストでわかるのは……
失敗したときのあなた

Ⓐ 自分を責めるタイプ

あなたは自分が悪かったんだ、自分はなんてダメな人間なんだ、みんなもそう思っているにちがいない……と、いつも自分のせいにしがち。でも、いつまでもクヨクヨしていないで、なぜ失敗したのかを考えて。次からしないようにすることが大切だよ。

Ⓑ 連帯責任にしがちなタイプ

あなたは失敗したらちゃんと反省するタイプ。でも、ほかの人もやってるよ、もっとずるいことしているよと言いたくなるようね。我慢しているのに、もっと悪い人がいると思うとその人のことを責めたくなるんじゃない？　まずはほかの人のことより、自分が反省するのがいちばんだよ。

Ⓒ 他人を責めるタイプ

あなたは自分を責めることはほとんどなさそう。たいてい、悪いのはだれかほかの人で、自分ではないと思うようね。失敗すると、だれかのせいでこうなったと思い、相手を責めたくなるし、実際「あなたのせいだ」「そっちが悪い」と言ってしまうかも。まずは他人を責めることをやめてみよう。

みんな他人より自分が
かわいいんだからしかたがないって！

テスト18 知らない人に会ったら？

仲良しの友だちとふたりで会うことになっていたあなた。
待ち合わせ場所に行ったら、友だちがもうひとり知らない人を
連れてきていたよ。あなたはどう思う？

A なんかちょっとがっかりした気持ちになる

B どこの人か興味深々、すぐ仲良くなれちゃう気がする

C 最初はちょっと気まずいけれど、そのうち慣れると思う

テスト19 あなたはどんな人形？

呪いをかけられて人形になってしまったあなた。
さて、その人形はどんな人形？

A 操り人形

B ロウ人形

C ピエロ人形

D 腹話術人形

→診断結果は次のページ

診断18 あなたは気が利くかどうか

A 気が利く度20%

あなたは自分の好きなことだけに熱中していたい人。まわりに気を利かせるなんてことは、ふだんからあまり思いつかないようね。

B 気が利く度60%

あなたはとても社交性があるのね。とくに気が利くわけでもないし、まわりに気をつかっているわけもないけれど、場の雰囲気を明るくすることができるよ。

C 気が利く度80%

あなたはまわりにけっこう気をつかっているわね。人前でどうふるまえばいいのかを気にして、相手やその場に合わせてふさわしい行動をしようとするのね。

診断19 あなたがウソつきかどうか

A ちょっぴりウソつき

あなたは半分は本当のことだけれど、半分は自分をよく見せたくて大げさに言ってしまうところがあるみたい。

B ウソがつけない

あなたはウソをつくくらいなら、だまっていたほうがいいと思っているでしょ？

でも、やさしいウソもあるのよ。

C ウソをつかない

あなたはウソはついていないけれど、自分の思い込みで、そのことを本当のことみたいに話してしまうことがあるみたい。

D ぜったいにウソをつかない

あなたはウソはつかないけれど、本当のことならなんでも言っていいと思っているみたい。でも、それが本当のことってどうしてわかるのかな？

テスト20 話題の本、読んでみる?

クラスのほとんどの友だちが読んで、おもしろかったと言っていた本が
図書室にあったよ。まだ読んでいなくて、
友だちの話題に入れていないあなた。さて、どうする?

 A さっそく借りて、初めから
おしまいまで読む

 B ささっとあらすじだけ読んで、
みんなの話に加わる

 C 別に自分は読まなくていいと思い、読まない

→診断結果は次のページ

47

診断 20

このテストでわかるのは……

状況に合った行動ができるかどうか

頭が柔らかくて、物事の状況によってうまくやれる能力を、柔軟性と呼んでいるの。

A 柔軟度90%

あなたはとても心の柔軟性が高い人。その場その場で態度を変え、状況に合った行動がとれるタイプね。まわりの人をイヤな気分にさせない心配りもできるようだよ。ただ、心が柔軟すぎて、まわりの状況や人に影響されやすい面もあるみたい。

B 柔軟度60%

あなたは心の柔軟性がやや高めの人。その場の状況に応じて態度を変え、いちばん適切な態度をとろうとするタイプ。自然にそうふるまえるというよりは、頭の中でここではこうふるまうのがよさそうと計算しているところがあるみたい。だから、あまりまわりの状況や人には影響されにくいようだね。

C 柔軟度30%

あなたは心の柔軟性が低めの人。その場の状況に応じて態度を変えることができにくいタイプ。そのため、なんとなくその場にしっくりとけ込めないということがあるのでは？　別に頑固ではないけれど、ちょっとゆうづうが利かない、人とうまくつき合えないということがありそう。

テスト21 天使と悪魔からの質問③

次の質問にYESかNOで答えてね。

YESが7個以上 → Ⓐ
YESが4〜6個 → Ⓑ
YESが3個以下 → Ⓒ

1 まわりが静かだと落ち着かなくなって、つい近くの人に話しかけてしまう

2 みんなが「賛成」と言えば、自分は反対でも「反対」とは言えない

3 夜ねる前によくこわいことを考えてしまう

4 おみくじは「凶が出たらどうしよう」と思ってしまう

5 自分が好きでない人は仲良しグループに入れたくない

6 本気で思っていないことを口に出して言ってしまうことがある

7 「ぜったいに秘密」と言われたら、だれかにしゃべってしまいそうになる

8 なんでもきちんと順番に並べておくようにしている

9 みんなから仲間はずれにされるのがすごくこわい

10 決めるときに迷ってなかなか決められないことが多い

➡診断結果は次のページ

あなたが不安になりやすいかどうか

A とても不安になりやすい

あなたはいろいろな心配事がうかんできて、何か悪いことが起きるのではないかと思ってしまうのね。頭の中でどんなことも悪いほうへ悪いほうへと考えるくせがあるみたい。不安になっても、あわてないで深呼吸して自分を落ち着かせてみて。そしていいほうに物事を考えるようにしてみよう。

B ときどき不安になる

あなたは世の中で起きていることや、みんながうわさしていることを見たり聞いたりすると、心配になってしまうの。まだ起きていないことを考えると、だれでも不安になるもの。自分をしっかり持って、人の言うことにまどわされないようにしよう。あわてず、落ち着いて行動すればきっとだいじょうぶだよ。

C あまり不安にならない

あなたは不安がなければ何事にも前向きに取り組めるし、友だちや仲間とも楽しくつき合っていけるはず。ただ、不安って私たちに危険なことが近づいたときに知らせてくれる役目もあるの。もしこの先、不安なことや心配なことに出合ったら、落ち着いて行動することを忘れないでね。

不安や心配なことがあったら近くの人に話すことでやわらぐこともあるかもしれないわ。

テスト 22 天使と悪魔からの質問 ④

次の質問にYESかNOで答えてね。

YESが6個以上 ➡ **A**
YESが4〜5個 ➡ **B**
YESが2〜3個 ➡ **C**
YESが1個以下 ➡ **D**

1 ハサミやペンなど、使っている文房具がよく見当たらなくなる

2 くつ下や手袋など、2枚ひと組になっているものの片方がどこかに行ってしまう

3 お菓子の袋や包み紙はぐじゃぐじゃっと丸めてすてる

4 着替えたときに脱いだ服が、そのままになっているときがある

5 好きなことをしていると、ほかのことを忘れてしまう

6 家の人に「あれやっときなさい」と言われたら、「あとでやる」とこたえる

7 イヤなことや、やりたくないことはどんどん後回しにする

8 ポーチやカバンの中に紙きれや丸めたティッシュペーパーが入ったままになっていることがある

➡ 診断結果は次のページ

51

A ズボラ度90%

あなたは超ズボラ人間。めんどくさがり屋で、使ったペンを筆箱にしまうのすらやりたくないんじゃない？　細かいことは気にしない大らかなところはよいけれども、整理整頓やせいけつさは大事だよ。

B ズボラ度70%

あなたはけっこうズボラな人。ちょっとだらしないところがあるね。すぐやれることも、気が進まないと後回しにするタイプ。でもまわりの人がめいわくすることもあるから、できることは早めに済ませることを意識してね。

C ズボラ度40%

あなたはそんなにズボラではなさそう。めんどくさいと思うことでも、やらないといけないと思ってやれる人だよね。そのぶん自分はちゃんとやろうとしているのに、まわりにズボラな人がいると、少し不愉快になりそう。

D ズボラ度10%

あなたはまったくズボラなところがない人。だらしないところがなく、きちんとしたところが長所だよ。ただ、自分がきちんとできるので、まわりにズボラな人がいると、「なんてだらしないの」と思ってしまいそう。きちんとできない人もいるので心を広く持とう。

きちんとしようと
自分で意識を持つだけで、
できるようになるはずだよ。

ぐちゃぐちゃぬり絵

心が傷ついたときや落ち着かないとき、白い紙をぐちゃぐちゃに丸めてみて。丸めた紙を開いてみると、しわができているよね。そのしわを色鉛筆でなぞり、好きな色でぬってみよう。色をぬることは傷ついた心をいやし、気持ちを落ち着かせてくれるものよ。

紙の上のしわは傷ついた心を表したものなの。

コラム あの人の行動パターンをチェック

クラスがえの時期など、まだよく知らない人の教室内の行動を
チェックしてみよう。こんな人はいないかな？

頭のてっぺんから足の先まで見下ろすような目線の動きをする人

とてもライバル心が強い人よ。あなたがどういう人なのか
チェックし、自分より上か下か、評価しているのよ。ライ
バル視されるのもイヤだけど、下に見られるのもイヤよね。
私はライバル心を燃やされるのが大好きだけどね～。

ほかの人たちがいるのに、特定の人とだけずっと話し込んでいるような人

ひとつのことにはまりやすく、物事に熱中しやすいタイプね。意
気投合すれば楽しいけれど、そうでなければ変な人って感じよ。

大勢の人の中にいつもいる人

だれとでも平等公平につながろうとする人よ。みんなのことを考
えて行動しているのね。場の空気を読んで、これがいちばんいい
ということを判断できる、学級委員とかに向いていそうな人よ。

大きな声で笑ったり、ふざけたりして、場を盛り上げようとしている人

みんなを笑わせたり、楽しませたりすることのできる人。一見明る
く大らかに見えるけれど、意外と神経質で細かいことを気にし、逆
切れしやすいところもあるわ。不用意にからかわないほうがいいよ。

第2章 天使と悪魔の コッソリ友だち診断

テスト 23 友だちの前でのあなたの性格は?

友だちの前でのあなたは天使と悪魔、どちらかな?
Q1から順に答えながら進もう。

Q1 席がえをするなら? 前のほう? 後ろのほう?

a 後ろのほうの席
⇒ Q3 へ

b 前のほうの席
⇒ Q2 へ

Q2 授業中、発表する機会があるときは?

a 手を挙げて発言をする
⇒ Q4 へ

b だまっている
⇒ Q5 へ

Q3 グループの中では 聞き役? 話し役?

a 完全に聞き役
⇒ Q6 へ

b 自分の意見をはっきり伝える話し役 ⇒ Q5 へ

Q4 自分や家族のことで自慢できることはみんなに話す?

a 話す
⇒ Q7 へ

b 話さない
⇒ Q8 へ

Q5 「富士山の頂上まで登ろう」と言われたら、、「おもしろい」と思う? 「めんどくさい」と思う?

a 「おもしろい」⇒ Q8 へ

b 「めんどくさい」⇒ Q9 へ

Q6 友だちが自分以外の ほかの子と仲良く遊ぶのがイヤ?

a イヤ⇒ Q9 へ

b イヤではない⇒ Q10 へ

Q7 みんなが友だちに なりたがらない子でも いい子なら友だちになる?

a 友だちになる
⇒ 59ページ タイプ B

b 友だちにならない
⇒ 58ページ タイプ A

Q8 だれかが大声で しかられていると?

a 聞いていられなくてその場から逃
げたくなる⇒ 60ページ タイプ C

b あまり気にせず、聞いてられる
⇒ 59ページ タイプ B

Q9 人の話を聞いていても、 忘れちゃうことが多い?

a よく忘れる
⇒ 61ページ タイプ D

b しっかり覚えている
⇒ 60ページ タイプ C

Q10 友だちにあまり興味のない 遊びにさそわれたら?

a とりあえずつき合う
⇒ 61ページ タイプ D

b 興味がなければ断る
⇒ 62ページ タイプ E

診断結果は次のページ

診断 23 友だちの前でのあなたの天使・悪魔の顔

タイプ A　かがやき天使 ＋ 計算高い悪魔

あなたは自分をかがやかせていたいタイプ。みんなにはいつもいちばんいい顔を見せられる人。だれよりもみんなの人気者でありたいと思っているようだね。実際、みんなのあこがれの的になっているのかも。自分を魅力的に見せるコツを知っていて、自分をよく見せるための演技も上手そう。でもそのぶん、まわりの人にいい印象をあたえるためには、ウソもつけるし、きらいな人にもにこやかに近づけるタイプ。あなたは友だちの前では表向きは、かがやく天使。でもその裏には計算高い悪魔がかくれているのかも。

計算高い悪魔

かがやき天使

ようは外づらがいいのよね〜。

58

タイプB しっかり者の天使 + 頑固者悪魔

あなたはとても強くて芯のある人。人に影響されることなく、自分というものを持っているね。群れたり流されたりせず、我が道を行くタイプだよ。そのため、「生意気」とか「かわいげがない」と言われることも。本当はとても正義感の強い人だけど、大勢のほうに流される人やかげでコソコソしている人が大きらいで、そういう人とは友だちになることなんてできないと思っているみたい。

しっかり者の天使

頑固者悪魔

あんまり友だちに自分の考えをおしつけちゃうと、きらわれちゃうかもよ〜。

タイプ C 友だち思いの天使 ＋ 疑い深い悪魔

あなたはキュートでかわいい人。みんなと友だちでいたいタイプ。友だち同士のちょっとしたことで悩んだりクヨクヨしたり、心が揺れ動いたりしているようだね。あなたにとって、それだけ友だちは大事な存在だよ。でも、ときどき、自分が仲間はずれにされるんじゃないかと心配したり、友だちのだれかに悪口を言われているんじゃないかと疑ったり、友だちのことをうらやんだり、なかなか複雑な気持ちでいるようだね。友だちづき合いでのいろいろなことに、心をまどわされやすい一面があるみたいだよ。

疑いだしたらきりがないからもっとリラックスして友だちづき合いを楽しんで。

友だち思いの天使

疑い深い悪魔

60

タイプD いやしの天使 + 流されやすい悪魔

いやしの天使

流されやすい悪魔

あなたはおっとりして、落ち着きのある人。友だちみんなとゆるくつながれるタイプだね。仲良しグループやクラスの派閥を超えて、だれとでも同じようにつき合うことができそう。どちらかいっぽうのグループに味方したり、だれかひとりの味方になるのではなく、みんなの友だちになれそう。かといって、八方美人というのではなく、友だちづき合いでは「いやしの人」のような存在。でもみんなに合わせるので、自分を持っていない人と言われちゃうかも。

> だれとでも仲良くできるのはいいことよ。

61

孤独を愛する天使 ＋ 不器用な悪魔

あなたはひかえめで物静かな人。ふだんは、みんなのすることに参加するより、少しはなれたところでみんなのすることを見ているようなタイプ。友だちはそんなにたくさんいらないと思っていそう。気の合う友だちがひとりかふたりいればいいと思っているのかも。だれにもじゃまされず、自分の好きな世界に没頭していたいようだね。自分の世界を理解してくれそうにない人とは友だちになってもしかたがないと思っているのかもね。孤独を愛する天使のかげに、人づき合いは大の苦手と感じている、不器用な悪魔がかくれているようだよ。

孤独を愛する天使

不器用な悪魔

だから〜、無理して友だちつくらなくていいじゃない。ひとりでいいんだってば！

62

テスト 24 お気に入りのバッグは？

お出かけすることになったあなた。お気に入りのバッグを
持っていくことにしたけれど、それは次のうちのどれ？

A ポシェット

B ハンドバッグ

C リュックサック

お気に入りのバッグを
持って出かけると、
気分も上がるよね！

➡診断結果は次のページ

このテストでわかるのは……
あなたの前世

Ⓐ キュートな妖精

あなたはお友だちのちょっとした言葉や動作にも、びくっとするぐらいおどろいて、思わず飛び上がってしまうことはないかな？　それはあなたに見えない妖精の羽が生えているからかもしれないよ。

Ⓑ 中世のお城に住むお姫さま

あなたは優雅で美しいものが好きだよね。ガサツな男の子が苦手で、上品な人としかお友だちになりたくないんじゃないかな？　それはあなたがかつて身分の高い人だったからかもしれないよ。

Ⓒ 森の精霊

あなたは自然や動物にふれていると心が落ち着くようだね。天気予報を見なくても翌日の天気を当てる力があったり、動物の気持ちがなんとなくわかっちゃったりすることはないかな？　それはあなたが森の中を守っていたからかもしれないよ。

前世は悪魔に
決まってるじゃん！

テスト25 あなたはどんなふうに思った?

親友があなたの悪口を言いふらしていると、
別の友だちから聞いたよ。
そのとき、あなたが思ったのはどんなこと?

A 親友に何か悪いことしたかなあと思った

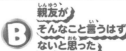
B 親友がそんなこと言うはずないと思った

C 告げ口をしにきた友だちのことがきらいになった

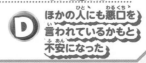
D ほかの人にも悪口を言われているかもと不安になった

➡診断結果は次のページ

あなたが求める理想の友情関係

A なんでも話し合える親友

あなたが求めているのは、おたがいに勉強のことや将来の夢、また家族のことやほかの友だちには言えないような悩みごとなど、なんでも安心して話せるような親友。クラスが別になっても、ほかの学校に行ってしまっても、会えばこれまでと同じように話せる友だちがほしいみたいね。

B 家族ぐるみのつき合いができる友だち

あなたが求めているのは、おたがいのおうちを行き来したり、お誕生日や記念日にはプレゼントを交換し合うような仲良しの友だち。幼なじみのようにいつも近くにいられる関係がいいのね。

C ぜったいに裏切らない友だち

あなたが求めているのは、いつもいっしょにいなくても、おたがいが信頼できる関係の友だち。たとえクラスの全員が自分をのけ者にしても、その友だちだけは味方でいてくれるような友情が理想のようだね。

D みんなでワイワイできる友だちグループ

あなたが求めているのは、いっしょに楽しく遊べる、仲良しグループのような友だち関係。クラスがちがっても、学年が上がっても、みんなで集まろうといって集まれるような友だちづき合いができるといいなと思っているようだね。

でもさ～、いっそ友だちなんてつくらずにひとりでいるほうが気楽じゃない?

テスト 26 自分の部屋にかざるなら?

自分の部屋に集めてかざっておきたいのは、次のうちのどれ?

A ゆるかわなぬいぐるみ

B きれいでかわいい人形

C リアルなフィギュア

自分のお気に入りのもので
あふれている部屋って
気分がいいものだよね♡

➡診断結果は次のページ

Ⓐ おっとり、のんびりした友だち

あなたにぴったりなのは、おだやかな性格の友だち。別に気が利くとかではないけれど、友だちの悪口なんかぜんぜん言わない人で、あなたがいっしょにいて気が楽な人がいいよ。

Ⓑ 流行にびんかんで、おしゃれ上手な友だち

あなたにぴったりなのは、おしゃれのことをよく知っていて、あなたにもこうすればいいよと教えてくれるような友だち。ちょっぴり勝ち気で、華やかな感じがあって、大人の前ではぶりっ子しちゃえるような人と、意外といい友だちになりそう。

Ⓒ 物知りでかしこい友だち

あなたにぴったりなのは、ひかえめだけど物知りでかしこい友だち。うわさ話や家族の話などしないで、好きなことや趣味の話で盛り上がれるような関係がいいみたい。あなたと同じような趣味を持っている人を探してみよう。

理想の友だちと、自分に合う友だちはちがっていることもあるよ。
いっしょにいて、友だちになれそうか、自分の直感を大事にして。

テスト27 「どうぞ」とすすめられたら?

みんなでクッキーを食べているよ。お皿に最後の一枚が残り、みんなから「どうぞ」とすすめられたあなた。さて、なんとこたえる?

A 「じゃ、いただきまーす」と言って食べる

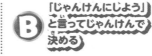

B 「じゃんけんにしよう」と言ってじゃんけんで決める

C 「いいよ、いいよ」と言って自分は食べない

➡診断結果は次のページ

あなた向きの友だちづくりのコツ

A 積極的に話しかける

友だちになりたいと思う人がいたら、自分から積極的に話しかけてみて。案外向こうも友だちになりたいと思っているかもしれないよ。まずはその人の持っている物や髪型などを、ほめてみることからはじめてみよう。

> でも、せっかく友だちになれてもわがままばかり言っていると、きらわれちゃうかもよ。失いたくなければ相手の考えも聞くことね。

B みんなと仲良くする

だれかひとりにしぼって声をかけるのではなく、何人かに声をかけていっしょに遊ぶといいよ。みんなで仲良くしていると、いろいろな考えも聞けて、趣味も広がるし、自分にとって勉強になることもいっぱいあるはずだよ。

> でも、仲良しグループだけでかたまって、ほかの人を仲間はずれにしたりしないでね。きほんはみんなと仲良くすることを忘れないで。

C 自分と似たタイプの人に話しかける

自分と似た感じの雰囲気を持つ人に話しかけてみるといいよ。向こうから声をかけてくれるのを待つのではなく、あなたから声をかけてみて。興味のあることや、好きなものが同じならきっと仲良くなれるはずだよ。

> 趣味が合わなくて、話が盛り上がらなければしかたがないわ。気にせずほかの人に声をかけてみて。

テスト28 教えてあげる?

あなたがよく知っていることを、クラスメイトのふたりは知らないみたい。
どういうふうに教えてあげる?

 「私、知ってる」と、自分からすすんで教えてあげる

 「何話しているの?」とさりげなく話に加わってから教えてあげる

 自分に聞かれているわけでもないので♪とくに何も言わない

→診断結果は次のページ

71

A 自分中心なところ

いつも「私が」「私が」って前に出て目立とうとして、自分中心になっていないかな？　そういうところが、まわりのみんなをイラッとさせているみたい。ほかの人が話しているときは、静かに聞き役に回ろうよ。そうすると好感度が増すよ。

B うわさ話が好きすぎるところ

よくうわさ話をしていない？　そこにいない友だちや芸能人のこと、また確かとは言えないことまでなんでも話しちゃうようだね。どうやらそれがまわりの人をイラッとさせるみたい。たとえ悪口でなくても、人のうわさ話ってつまらないと思う人も多いわ。それに信頼を失うこともあるから、うわさ話はほどほどにね。

C 自分の意見を持っていないところ

ほかの人たちのすることを、ただながめているだけのことってない？そういうところが、なんだか不親切で非協力的だよねと思われ、みんなからイラッとされる原因みたい。もっと、楽しんでみんなのすることに加わろうよ。

ちょっと気をつけるだけで、みんなからもっともっと好かれるようになるはずよ。

でも、自分のくせってなかなか直らないものよね。そういうのも個性、個性！

テスト 29 どんなケーキがつくりたい?

手づくりケーキにチャレンジすることになったあなた。
さて、あなたがつくるのは次のうちのどのケーキ?

A 新鮮な果物を
たくさん使ったフルーツケーキ

B いろいろな味のロールケーキを
積み上げたカラフルな
ロールケーキタワー

C ピンクのクリームでバラの
花を描いたセレブレーションケーキ

D お菓子の動物たちをかざった
森のチョコクリスマスケーキ

→診断結果は次のページ

73

友だちにもっと好かれるコツ

Ⓐ 思っていることをはっきり伝える

あなたは自分の気持ちを伝えることで、友だちが気を悪くするのではないかと思い、だまっていることが多いんじゃない? 傷つくようなことは言ってはダメだけど、きちんと言葉にして伝えることで、相手もあなたのことがわかり、もっと仲良くなれるはずだよ。

Ⓑ 友だちの話をじっくり聞く

あなたは楽しいおしゃべりが好き。友だちもあなたとおしゃべりするのが楽しいはずよ。でも、あなたがしゃべるばかりでなく、友だちの話もじっくり聞くようにして。そうすれば悩んでいることからうれしかったことまで、おたがいになんでも話せる親友になれるはずだよ。

Ⓒ 自慢話や見栄を張らない

あなたは仲のいい友だちのことが大好き。相手にも自分のことを大好きでいてほしいと思っているよね。だから、自分のいいところを見せたくて、友だちの前で自慢話をしたり、見栄を張ったりしているところはないかしら。でも、友だちの前では自慢話も見栄を張る必要もないよ。友だちならわかっているはずだから。

Ⓓ あなたからも積極的にさそう

あなたは友だちから遊びにさそってもらうのを待っているようね。でも、もっと、あなたからも自分の好きなアニメの話をしたり、遊びにさそったりするようにするといいよ。友だちもあなたによって楽しい発見ができるし、何よりもあなたからもさそってもらえたことがうれしいと思うんじゃないかな?

テスト30 サインの意味は?

あなたは手のひらを差し出したよ。なんと言って手を出したかな?

A 握手しよう

B ちょうだい

C 手相見て

テスト31 窓のカーテン、どうする?

新しい家に引っ越してきたあなた。子ども部屋の窓には
カーテンがかかっていたよ。部屋に入ったあなたはどうしたかな?

A 窓もカーテンも
ぜんぶ開けた

B カーテンを開けて窓も
ちょっと開けた

C 窓もカーテンも
閉めたままにしておいた

➡診断結果は次のページ

診断30 あなたの甘えんぼう度

A 甘えんぼう度20%

あなたは甘えんぼうを卒業したところかな。子どもっぽい自分でいたくないのね。わがままは言わないようにしているはず。

B 甘えんぼう度90%

あなたはとっても甘えんぼう。さすがに思い通りにいかないからって、足をバタバタさせるようなことはないだろうけれど、まだまだわがままを聞いてほしいみたい。

C 甘えんぼう度60%

あなたはほかの人が甘えているのを見ると、自分も甘えたくなるみたい。本当はもっともっとわがままを言いたいし、たよりたいのね。

診断31 あなたの心のオープン度

A オープン度90%

あなたはとてもオープンな人。自分の気持ちに素直で、感じるままに発言したり行動したりするタイプね。他人のこともすぐ受け入れることができちゃうの。

B オープン度50%

あなたは相手によって態度を変えるタイプ。話しやすそうな人なら、自分を出せるけれど、話が合わなさそうと感じた人の前では、心を開けなくなるみたいね。

C オープン度20%

話すのが苦手なら聞き役に回るといいよ。

あなたはなかなか人に心を開けないタイプみたい。自分の気持ちを伝えることに、苦手意識があるのかもしれないね。

76

テスト 32 どんな色合いの絵?

あなたは好きな絵をながめているよ。それはどんな色合いの絵?

 A 虹のように明るい七色の絵

 B 白黒写真のようなモノトーンの絵

 C あわくにじんだ色の美しい水彩画

 D 赤黄青とハッキリとした色の絵

72

人に対する思いやり度

A 思いやり度50%

あなたは自分がいつもハッピーな気分でいたいし、みんなも幸せであってほしいと強く願っているわ。だれとでも仲良くできるタイプね。でも、つらいことや苦しいことは避けて通りたいようね。そのため、友だちが困っているときは助ける気持ちがちょっとうすいみたい。

> めんどくさいことを避けていると、
> いつか自分が困ったときに助けてもらえなくなるかもよ。

B 思いやり度70%

あなたは「あのときこうすればよかった」「ああしなければよかった」と後悔や反省ばかりしているみたい。それはきっと、自分がもっとよくなりたいという気持ちがあるからね。それだからこそ、なまけている人やちゃんとやれない人のことを批判したくなるのね。

C 思いやり度90%

あなたは喜びや悲しみ、苦しみ、せつなさ、美しいものを見たときの感動を一心に受け止めるタイプ。だからこそ、つらい目にあっている人や悲しんでいる人を見ると放っておくことができないようね。でも、ときどき自分もいっしょになって落ち込んでしまうことがあるみたい。

D 思いやり度30%

あなたはサッと気持ちを切り替えることができるようよ。イヤなことや落ち込むことがあっても、気持ちを前向きに切り替えて行動できるみたい。いつまでもクヨクヨしていたくないのね。だから、いつまでもクヨクヨぐずぐずしている人にはやさしくなれないのよね。

くつはどこにしまう?

げた箱の空いているところは右の❶、❷、❸の3か所。
さて、あなたはどこに自分のくつをしまう?

A ①のいちばん上の段

B ②の真ん中あたりの段

C ③のいちばん下の段のはじ

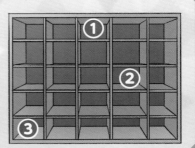

散らかったくつ、どうする?

友だちの家に遅れて遊びに来たあなた。げんかんにはほかの友だち
の脱ぎ散らかしたくつがたくさん。さて、あなたはどうする?

A きちんとそろえるように
みんなに注意する

B みんなのくつを
そろえておく

C 別に何もじない。
そのままにしておく

➡診断結果は次のページ

79

いじわるされたときのあなたの反応

診断 **33**

A 必ず仕返しをする

あなたはとても勝ち気なところがあるわ。だから、だれかにいじわるされたらぜったいに許さないし、必ず仕返ししようとするタイプね。

B 心の中だけで仕返しする

あなたはだれかにいじわるされても、仕返しはしないタイプ。でも、心の中ではされたことは忘れないし、その人に「罰が当たれ！」と強く思っているみたいよ。

C 冷ややかに見下す

あなたはだれかにいじわるされても、まともに相手にしたくないようね。だいたい、そういう人のこと、バカみたいって、冷ややかに見下しているようね。

> 人にいじわるする人は心の中が満たされていないかわいそうな人なの。

クラスの問題児に対するあなたの態度

診断 **34**

A 平等に接する

あなたはどんな人にも平等な人。クラスの困ったさんがいけないことをしたら、注意するし、みんなで協力するべきことなら、その人をちゃんと仲間に入れるはず。

B 仲良くする

あなたはどんな人からも好かれたい気持ちが強いみたい。そのため、クラスの問題児とも仲良くなり、その人のよくない面を直してあげたくなることがありそう。

C ひとまず距離を置く

あなたは悪い人と思われがちな人とは関わりたくないと思っているみたい。でも、その人にしかない魅力を感じれば、なんと言われても友だちになるタイプね。

テスト35 ダメ出しされたら?

友だちに「あなたのそういうところがダメなんだよね」と言われたよ。
さて、あなたの反応は?

A 「やっぱり自分はダメなんだ」
と思ってしまう

B 「そういう自分はどうなのよ?」
と言い返す

C 「正直に言ってくれて
ありがとう」と言う

→診断結果は次のページ

ダメ出しされたときのあなた

A 落ち込んでくよくよするタイプ

あなたはちょっと注意されただけで、すぐ気にしてしまう人。やってしまったことを何度も思い返しては、「自分が悪かった」「あのときこうすればよかった」といつまでもくよくよと考えてしまうのね。反省するのもいいけれど、前向きにならないと少しずつまわりの人がはなれていってしまうよ。

B 言うだけ言ってスッキリするタイプ

あなたはイヤなことがあっても、すぐ気持ちを切り替えられる人。だから、心の中にたまるものがないのね。自分がそんなだから、人からしつこく同じことを言われたり、されたりすると、ムカッとするのね。でも、少しは人の注意にも耳をかたむけないと、あとで損をするよ。

C 表向きはいい子のねちねちタイプ

あなたはかなりしつこいタイプの人ね。イヤなことを言われたりされたりしたら、ぜったいに忘れないわ。いつまでも覚えていて、「あのとき、ああだった」「こうだった」とうらみがましく蒸し返すのよ。ふだんいい子にしてるからこそ、イヤなこと発散できないのかも。

ときには人の意見を聞いて反省することも必要だよ。

テスト36 もったいないお年玉の使いかたは?

お年玉をぜんぶ使っちゃったという子の話を聞いて、
自分ならそんなことに使わないなと思ったのは?

A 友だちへのプレゼント

B 自分の服・アクセサリー

C お菓子や外での食べ物

D マンガ雑誌・コミック

➡診断結果は次のページ

83

苦手な人とのつき合いかた

Ⓐ 自分でやれることをアピールする

あなたはやたらと親切に近寄ってくる人が苦手のようね。たのんでもいないのに、おせっかいをやいてくる人には「自分でできるからだいじょうぶよ」と言おう。また、相手がいいと思ってやってくれたことには、「ありがとう。でも今度からは自分でやれるから」と言うといいよ。

Ⓑ 相手にしないで、逆にほめる

あなたはライバル心を燃やしてくる人が苦手のようね。こっちはなんとも思っていないのに、向こうから勝手に「あなたには負けないわよ」なんて言ってくるような人には、向き合わないのがいちばん。「あなたにはかなわないわ」とほめておくくらいがいいのよ。

Ⓒ あいさつや必要なときだけ話す

あなたはけじめのない人が苦手のようね。たとえば、自分の物と人の物をきちんと区別しないで、人の物を勝手に借りたり使ったりするような人にはできるだけかかわらないようにするといいよ。でもあいさつや、必要なことは話すようにしてね。

Ⓓ 話の聞き役になる

あなたはおとなしくて何を考えているのかわからないような人が苦手のようね。そういう人はあなたが話しかけようとしても、すっと引いてしまうのかもしれないわ。だから、そういう人とうまくつき合っていくには、急がずに、その人のそばにいて、話の聞き役に回ってみるといいよ。

> 苦手な人なんかそもそもつき合わないでいいじゃない。

テスト37 動画配信サイト、チェックする?

となりのクラスのおしゃれな女の子が、人気ユーチューバーだと
友だちから教えてもらったよ。さて、あなたはチェックする?

A さっそく見て、
その人に話しかけてみる

B コッソリ見てみるけれど、
話しかけない

C 見たいとも思わないし、
話しかけもしない

テスト38 答えがまちがっていたら?

算数の時間、先生が黒板に書いた答えがまちがっていたよ。
さて、あなたならどうする?

A 「先生、答えがまちがっています」と
その場で手を挙げて言う

B 「自分のほうがまちがっていたの
かなあ」と不安になってくる

C あとで友だちに「さっきの先生の答え、
まちがっていたよね」と言う

$$\frac{4}{5} \times \frac{2}{3} = \frac{8}{16}$$

→診断結果は次のページ

85

診断 37　あなたの愛されキャラ度

A　愛されキャラ度80%

あなたは人なつっこくて、みんなから愛されるタイプ。困っていると、だれかが必ず助けてくれるはずだし、多少の失敗も許してもらえちゃう得なタイプね。

B　愛されキャラ度50%

あなたは自分の気持ちをかくすところがあるね。もう少し自分の気持ちに素直になれば、自分も楽になるし、まわりからももっと好かれるはずだよ。

C　愛されキャラ度30%

あなたは気難しいところがあるよ。まわりからは、つき合いにくい人と思われているかも。それも愛されキャラより、自立した大人をめざしているからなのかもね。

診断 38　グループでのあなたのポジション

A　みんなのまとめ役

リーダー的な存在で、たよりがいのあるあなた。でも、自己主張も強いから、みんなの意見をちゃんと聞かないと、あなたに不満を持つ人も出てくるよ。

B　縁の下の力持ちタイプ

みんなのために、目立たない仕事も引き受けてくれるあなた。でも、なんでも引き受けてばかりいると、みんなにいいように使われちゃうかもよ。

C　かげの権力者

地味ながらも、リーダーを支えるサブリーダーみたいな存在のあなた。でも、気にくわない人はグループからはずそうとする、こわい一面もあるみたい。

表向きのリーダーと、本当のリーダーはちがうことがあるわよね。

テスト39 おやつは何を持っていく?

遠足やハイキングに行くときのおやつは
どんなものを持っていく?

A 自分がいちばん
好きなお菓子

B みんなに分けて
あげられるもの

C なるべく
食べやすいもの

D 決められた値段
ぎりぎりのいちばん高いもの

→診断結果は次のページ

A グループ行動が苦手なマイペースタイプ

あなたはグループ行動が苦手なようだよ。なんでも自分のやりたいようにやるタイプなので、あまり向いていないのかも。グループのみんなに合わせるより、ひとりで行動しているときのほうがイキイキしそうね。

B グループ行動が向いている縁の下の力持ちタイプ

グループのメンバーみんなのことを思いやり、仲良くしていこうとするタイプだね。みんなのためになることなら、すすんで目立たない仕事も引き受けちゃうんじゃない？　ひとりで行動するより、グループのみんなといっしょに行動するほうが元気が出るタイプだね。

C グループ行動にもなじめるカメレオンタイプ

あなたはグループ行動になじめそう。グループの中では、自分がメンバーのひとりだという自覚を持って行動できるタイプだよ。必要なときは、ほかのメンバーと助け合い、グループがうまくいくように行動する人だけど、ひとりでも行動できる人だね。

D グループ行動のリーダータイプ

あなたは自分がグループの中心になっていたい人。中心メンバーでいられれば、グループ行動も平気だけれども、グループの中でほかのメンバーに合わせたり、ほかの人に従っていくような立場だと、グループ行動自体がおもしろくなく、仲良くしていくのはむずかしそう。

グループ行動なんて私はまっぴらごめんだわ。

テスト 40 自分のせいじゃないことで怒られたら？

自分がやったことではないことで先生に怒られたあなた。やったのはほかの人なのに……。そんなとき、あなたは先生に向かってどんな態度をとる？

A 「すみません、すみません」と言っておく

B 「それは私ではなくて、ほかの人が」ときちんと説明する

C 「なんで私が怒られなくちゃいけないんですか」と反発する

D ただだまってじっとうつむいている

→診断結果は次のページ

診断40

このテストでわかるのは……

世の中の大人をあなたがどう思っているか

A 大人が子どもを支配している

大人は子どもを守ってくれるけれど、同時に支配していると感じているみたい。だから大人の言うことには従うしかないと思っているんじゃないかな？ 心の中では大人にたよりたいいっぽうで、大人なんか信用できないと反発する気持ちもあるようだね。

B 大人を信用していない

大人はえこひいきをしたり、ずるいことをしたりすることもあると思っているようだよ。それはあなたが大人を信用せず、冷めた目で見ているところがあるからかもしれないよ。

C 大人が腹立たしい

大人に腹を立てることがあるようだね。大人は自分を子どもあつかいするけれど、そういう大人のほうがよっぽどわかってないことが多いと感じているんじゃない？ とにかくあなたは大人がきらいなのね。

D 大人はわかってくれない

大人に何か言っても、言ったことがうまく伝わらないし、変なふうに誤解されてしまいそう。だから、大人には何を言ってもムダだと思っているんじゃやないかな？ 自分は大人にはなりたくないと思っているみたいだね。

大人だってまちがうことはあるわ。でも大人全員が信用できない人たちばかりではないよ。

90

テスト41 どんなくつをはいていた？

転校生が教室に入ってきたときに、その人がはいていたくつを見て
友だちになりたいと思ったあなた。さて、どんなくつをはいていた？

A パープルのスニーカー

B かわいらしいサンダル

C 黒いパンプス

D 茶色のボアのついたブーツ

➡診断結果は次のページ

A 明るく社交的な友だち

明るくていっしょに外で遊べる人と友だちになりたいようだね。自分からは声をかけにくい上の学年の人と、その人を通じて友だちになって、ちょっぴり背伸びした遊びや趣味を経験してみたいようだね。

B イマドキのおしゃれな友だち

着ている服から持っている小物まで、おしゃれな人と友だちになりたいようだね。できればその人の家に遊びに行って、あこがれの芸能人のことや恋バナなんかをとことんしたいと思っているみたい。

C 成績優秀な優等生の友だち

成績はいいのに人当たりのいい人と友だちになりたいようだね。お行儀がよくてかしこくて、見習いたいと思うような人と、いっしょに勉強したり、知らないことを教え合ったりしたいと思っているようだね。

D 大らかで落ち着きのある友だち

ほかの人のうわさ話なんかには加わらない、おだやかで自分をしっかり持った人と友だちになりたいようだね。見ている番組や読んでいるマンガの趣味が合って、物語の中の登場人物やお話の続きについて話せるのが理想のようだね。

理想と現実はちがうことも
多いけどね〜。

それでも仲良くできれば
いいじゃない！

テスト42 だれを思いうかべる?

A〜Cの状況に合わせて、あなたが知っている人のことを
それぞれ思いうかべてみてね。

A

ピンポーンと鳴ったので、
ドアを開けると……、
そこに立っていたのは
だれ?

B

夕暮れどきの公園に行ったら、
ひとりでブランコに
乗っている人が……、
その人はだれ?

C

舞台の上にスポットライトが
当たり、知っている人が
立っていたよ。
その人はだれ?

➡診断結果は次のページ

93

診断42 思いうかべた人に感じていること

A 安心できる人

あなたはその人のことを思いやりのある、やさしい人だと思っているようよ。その人といると、落ち着くし、もっと仲良くなって、悩みごとなども安心して話せるようになりたいと思っているみたいね。

B 気になる人

あなたはその人のことがなんとなく気になるようだね。どこかさびしそうなところがあるように感じるし、ほかの人とはちょっとちがう魅力も感じているみたい。友だちになりたいと思っていながらも、なかなか話しかける勇気が出ないようだね。

C あこがれの人

あなたはその人にとてもあこがれているみたい。あなたから見ると、その人はカッコよくて魅力的で、いつもかがやいていているように見えるのね。

少し勇気を出して話しかけてみて！
きっと友だちになれるはずよ。

テスト43 天使と悪魔の友だち相性テスト

次の質問に、はい・いいえ・どちらでもないで答えてね。
質問の答えは別の紙に書いておこう。

次のページに採点方法がのっているよ。
友だちにもやってもらってね。

1 人前で元気よくハキハキものが言える

2 遊ぶときはだれでも仲間に入れてあげている

3 給食やお弁当を食べ終わるのはおそいほうだ

4 だれかにイヤなことを言われたら、だまっていないで言い返す

5 よく班長やリーダーを任されている

6 ほかの人とくらべると物静かでおとなしいほうだ

7 体育の時間や休み時間は活発に動き回っている

8 先生や大人の前でもはっきりものを言う

9 男子に注意したり、男子に言い返すことがある

10 男子からはおじとやかだと思われている

11 笑ったり怒ったり喜怒哀楽がはっきりしている

12 みんなのすることに参加せずひとりでいることが多い

→診断結果は次のページ

前のページの質問の答えの点数を下の表でチェックして、合計点を出そう。相性を診断したい友だちの答えのぶんも計算してね。

	はい	どちらでもない	いいえ	あなたの点数	友だちの点数
①	2	1	0		
②	2	1	0		
③	0	1	2		
④	2	1	0		
⑤	2	1	0		
⑥	0	1	2		
⑦	2	1	0		
⑧	2	1	0		
⑨	2	1	0		
⑩	0	1	2		
⑪	2	1	0		
⑫	0	1	2		

合計点を出してね！⇒

点　　　　点

診断 43-1

このテストでわかるのは……

あなたと友だちのキャラ

19点以上 → Ⓐ ヒマワリ

13〜18点 → Ⓑ アサガオ

7〜12点 → Ⓒ コスモス

6点以下 → Ⓓ スズラン

Ⓐ おてんばひとりっ子キャラのヒマワリ

あなたは活動的で元気いっぱい。競争には勝ちたいし、いちばんになりたいタイプ。裏表がなくサバサバしていて、みんなの先頭に立って動ける人だよ。まわりの人も、あなたのそばにいると自然と元気が出るみたい。でも、おとなしい人の気持ちをわかってあげるのがむずかしいかも。

Ⓑ しっかりお姉さんキャラのアサガオ

やるべきことはみんなの先頭に立ってやるタイプ。ほかの子たちがさぼっていても、責任を持ってやりとげるよ。行動的だけど、落ち着きもあって、ちょっと年上のお姉さんみたいな存在ね。ただ、女の子同士の間ではちょっぴり上から目線の言動をしてしまうことも。

Ⓒ ちゃっかり妹キャラのコスモス

人前に出るとちょっぴり引っ込み思案。なのに、仲間内では元気でおちゃめなところが。ちゃっかりしたところがあるけれど、悪気がないので、みんなからかわいがられやすい妹キャラタイプ。ただ、あなたのことをよく知らない人には、裏表のある人と思われちゃうかも。

Ⓓ 内気な末っ子キャラのスズラン

おとなしくてやさしい気持ちの持ち主。自分の世界に引きこもりがちだけど、人に言われるままにはならない頑固さが。意外に芯の強いところがあるよ。なのに、片づけや整理整頓がきちんとできなかったりして、なぜかまわりの人が面倒を見るはめになる末っ子キャラ。ただ、だらしない人にも思われてしまうことも。

→ 診断結果は次のページ

 友だちのキャラ

あなたのキャラ

 ヒマワリ

 アサガオ

 ヒマワリ

◎ ヒマワリ&ヒマワリ

元気で活発なひとりっ子キャラ同士。すぐに意気投合するほど相性がいいよ。いい友だちでいいライバルになれるはず。ただ、ケンカをするとどっちも意地っ張りになるかも。

◎ アサガオ&ヒマワリ

しっかり者のあなたと活発なひとりっ子キャラの相手。相手もお姉さんキャラのあなたに一目置いてるわ。おたがいに尊敬し合える関係になりそうよ。

◎ ヒマワリ&アサガオ

活発なあなたと落ち着きのある相手。あなたが感情的になって突っ走りそうなときに、お姉さんキャラの友だちが、適度にストップをかけてくれるわ。

✗ アサガオ&アサガオ

同じしっかり者のふたり。似た者同士だけど相性はよくないわ。自分と似ているところで、いいところより自分のイヤな面を相手の中に見てしまうことがあるわ。相手も同じよ。

△ ヒマワリ&コスモス

活発なあなたとちょっぴりひかえめな相手。ひとりっ子キャラと妹キャラ。元気なあなたは、思ったことをはっきり言わず、ぐずぐずしがちな相手をもどかしく思うかも。

◎ アサガオ&コスモス

しっかり者のあなたと、ちょっぴりたよりない妹キャラの相手。でも相性はとてもいいわ。相手はあなたのことが大好きで、あなたも相手のことをかわいいと思うわ。

✗ ヒマワリ&スズラン

活発なあなたと内気な相手。ふたりは正反対の性格で、あまり話も合いそうにないわね。でも、ぜんぜんちがうふたりで話してみれば、意外な発見があるかも。

△ アサガオ&スズラン

しっかり者のあなたと引っ込み思案な相手。お姉さんキャラのあなたには、内気な末っ子キャラの相手はもどかしいみたい。同じ趣味でも持っていないと話が続かないわね。

 ヒマワリ アサガオ コスモス スズラン

あなたと友だちのキャラ診断はどうだったかな？
下の表でふたりの相性チェックしてみよう。

◎最高の相性！　○なかなかいい相性　△まあまあの相性　×がっかりな相性

あなたのキャラ

| コスモス | スズラン |

△ コスモス＆ヒマワリ

ちょっぴりひかえめなあなたと元気で活発な相手。あなたは相手の活発さをうらやましく思っているけれど、相手はあなたの態度をもどかしく思ってイライラすることが。

× スズラン＆ヒマワリ

引っ込み思案でおとなしいあなたと活発なひとりっ子キャラの相手。考えかたも行動もすべてあなたと真逆。はっきりものを言う相手にあなたは苦手意識を持っていそうね。

◎ コスモス＆アサガオ

ちょっぴりひかえめなあなたとしっかり者の相手。ぴったりの相性よ。あなたにとっては、まさに困ったときやつらいときにたよれるお姉さんのような友だち。

△ スズラン＆アサガオ

引っ込み思案でおとなしいあなたとしっかり者の相手。とくにここが合わないということもないのだけれど、なんとなくおたがいしっくりこないと感じそう。

× コスモス＆コスモス

ちょっぴりひかえめなあなたと同じタイプの相手。仲間内では元気でおちゃめな妹キャラで一見、仲良さそうだけれど、似た者同士のため、張り合ってしまいそう。

◎ スズラン＆コスモス

引っ込み思案でおとなしいあなたとちょっぴりひかえめな相手。なんとなく仲良くなれそう。いっしょに遊べば楽しいと感じるはず。相性はまあまあよさそうだよ。

◎ コスモス＆スズラン

ちょっぴり引っ込み思案なあなたともっと引っ込み思案な相手。あなたのほうがややお姉さんね。いっしょに遊べば楽しいかも。ふたりの相性はまあまあだわ。

◎ スズラン＆スズラン

内気なタイプ同士。どちらも自分からすすんで友だちをつくるほうではないので、仲良くなるまで時間がかかりそう。でも、いったん仲良くなれば、ずっと友だちだよ。

後ろ姿にも性格や気持ちが表れるよ。
コッソリチェックしてみよう。

背筋がピンとのび、両肩が並行で、まっすぐに立っていて、おしりもキュッと引きしまっている人

しっかりしていて、意志が強く決断力が
あるよ。なまけたい気持ちをがまんして、
目標に向かってがんばれるタイプだね。

ふくよかな背中で、おしりも大きく全体的にふっくらした感じの人

あたたかい心の持ち主か、感情が豊かな人だね。
でも、ちょっぴりやきもちやきかも。

背中が丸まって猫背気味の人

自分に自信がなさそうだね。とくにやせている人は、
物事を決めるのが苦手なタイプかも。また過去の失
敗をずっとクヨクヨ引きずっているタイプね。

立っていても背中が左右にふらふらと揺れている人

集中力が保てないタイプだね。授業中もた
いくつだなあと思っているうちに、空想の
世界にひたってしまいそうだね。

第3章 天使と悪魔のトキメキ恋愛診断

テスト44 好きな人の前でのあなたは?

たとえばあなたが見習い天使だとして、修業のために初めて人間界を訪れたとき、どんな体験をしたのか、想像しながらQ1から順に進もう。

Q1 人間界のあなたの第一印象は?

a 悪がはびこっている ⇒Q2 へ

b 楽しいことがいっぱいある⇒Q3 へ

Q2 まずしそうな人にあなたがしてあげたことは?

a 仕事を紹介してあげた ⇒Q4 へ

b きれいな服と食べ物をあげた⇒Q5 へ

Q3 人間界ではどんな友だちができた?

a 目立たないが、やさしい友だち⇒Q5 へ

b クラスの人気者で華やかな友だち⇒Q6 へ

Q4 人間の男の子を好きになってしまったあなた。でも、見習い天使にとって恋愛は禁止。あなたはどうする?

a つらいけれど、天使になるために気持ちを断ち切る⇒Q7 へ

b 天使になることをあきらめて、告白する⇒Q8 へ

Q5 人間の女の子にライバル視されたら、あなたはどう思った?

a 本気を出せば、だれも私にはかなわない⇒Q9 へ

b 人間の女の子にはかなわない⇒Q8 へ

Q6 見習い天使の修業期間終了。みんなとはどんなふうにお別れした?

a 「またね」と、笑って握手して別れた⇒**Q10**へ

b 別れがつらくて、泣いてしまった⇒**Q9**へ

Q7 天使になったあなたが人間界でした初めての仕事は?

a 悪いことをしていた人たちをこらしめ、反省させた
⇒ 104ページ **タイプA**

b 苦しんでいる人をなぐさめた
⇒ 105ページ **タイプB**

Q8 好きな人のもとを去るとき、あなたがコッソリしたことは?

a その人の耳に届くようにたて琴を弾いた
⇒ 105ページ **タイプB**

b その人が好きなお菓子をつくって、枕元に届けた
⇒ 106ページ **タイプC**

Q9 ケンカを止めようとしたら巻き込まれそうに。どうする?

a ケガをしている人の傷を治してあげた
⇒ 106ページ **タイプC**

b まぶしい光でしりぞけた
⇒ 107ページ **タイプD**

Q10 あなたはどんな天使になった?

a 天使の中でも最も美しい美の天使⇒107ページ **タイプD**

b いろいろな場所に出現する旅の天使⇒108ページ **タイプE**

➡診断結果は次のページ

診断44 好きな人の前での あなたの姿

タイプA プンプン天使

　あなたは恋の理想が高い人。だれかを好きになったら、その気持ちはとても真剣で一途。決してほかの人に目移りすることはないわ。好きな人とはなんでも話せて、おたがいに親友でもあり、恋人同士でもあるような関係を理想としているよ。でも、まじめすぎるあなたは、好きな人の不まじめなところを見つけただけでプンプン怒っちゃうところがあるみたい。また、相手があなたに好意を持って気さくに声をかけてきても、きちんと告白してこないと、プンプン怒りだすこわいところがあるみたいね。

あまりひとつのことにこだわりすぎないようにしてね。まずは気楽に友だちとしてお話しするといいよ。

タイプ B 気まぐれ天使

あなたはロマンチックな恋がしたい人。想像力が豊かで、空想の中の恋にあこがれているわ。好きになる相手は、現実には手の届かないようなスターや、ドラマや映画、アニメの世界の登場人物だったりするのでは？　現実の相手を好きになっても、空想の中で思っていることが多く、実際に相手と話したら、「思っていたのとちがう」「がっかり」なんてことも。だから、好きだった人のことも急に好きでなくなったり、きらいになったり……。「恋は気まぐれ」なタイプね。

完璧な人はいないから、ちょっとした欠点に目を向けすぎるのは損だよ。

タイプC ラブリー小・悪・魔

あなたはいつもラブラブでいられる恋がしたいタイプ。とても愛情豊かな人なので、人を好きになりやすいところがあるわ。そして、好きになったら相手が喜ぶようなことをしようとするんじゃない？　その人の役に立ちたいと思うのね。もちろん、相手からも、たっぷりの愛情のお返しがほしいタイプ。好きな人を独り占めしたいっていう独占欲も強いから、その人がだれかほかの人と親しそうにしていたら、すごくやきもちをやくわね。

あんまりやきもちをやきすぎると、相手もきゅうくつに感じちゃうよ。カレのことを思う以外の時間も大切にして。

タイプ D ツンツン悪魔

あなたは自分をかがやかせる恋がしたいタイプ。恋の相手は、自慢できるような人じゃないと、イヤなのね。たとえば、みんなの人気者でリーダー的存在とか、スポーツや勉強が抜きんでてできるとか……。そういう相手の前では最高にかわいい女の子を演じられるのね。まさにあなたは女優。プライドが高くて、自分の好みでない相手にはツンツンした態度で、冷たくあしらうこともできる人よ。

人によって態度をコロコロ変えていると、みんなからそのうちきらわれるよ〜。
まあ、私には関係ないけどね。

107

エンジョイ小・悪魔

あなたは楽しい恋がしたいタイプ。友だちづき合いの延長で、いっしょにいて楽しいと思えれば、それは恋かも。でも、あまり真剣になりすぎるのはイヤ。真剣になると楽しさが減るような気がするみたいね。それにまだひとりの人に決めて、つき合いたいとは思っていないんじゃない？　だれかを好きになっても、ほかにもいいなと思う人がいることもしばしば。わりとうわきっぽいところがあるから、友だち以上恋人未満みたいなつき合いがいちばんよさそう。

好きな人は
たくさんいても
いいじゃない！

テスト45 視線に気づいたあなたは？

知らない人がじっとあなたのほうを見ているよ。
それに気づいたときのあなたの態度は？

A こっちもじっと相手を見る

B チラチラと相手のほうを見る

C 目をそらして見ないようにする

じっと見ている人がいたら、私にあこがれているのねって思うわ。

ただの勘ちがいかもよ。

➡診断結果は次のページ

109

診断 45

このテストでわかるのは……

あなたが恋に落ちやすいタイプかどうか

Ⓐ 熱しやすく冷めやすいタイプ

あなたの場合、恋のはじまりは目と目が合ったところから始まるようね。目が合った相手がステキな人だと、その瞬間でその人のことが好きになって、熱を上げてしまうはずよ。だけど、そういう人は冷めるのも早いかも。新鮮な気持ちを持てる間だけが、恋している気分なんだものね。

Ⓑ 恋に落ちるまでに少し時間がかかるタイプ

あなたはいいなと思う人がいたら、その人のことをコッソリ観察したり、友だちにその人のことを聞いたりするタイプね。情報を集めているうちに、じわじわとその人のことが好きになって、気がついたら「これがきっと恋なのね」と思うみたい。好きになったら、その気持ちは長続きしそう。

Ⓒ なかなか恋に落ちないタイプ

あなたはいいなと思う人がいても、感情を外に出さないため、相手に気持ちが伝わらないみたい。逆にあなたのことを相手がステキだと思ってくれていても、あなたはそのことに気づかないみたい。でも、いったん恋に落ちてしまうとその気持ちはずっと続くわ。

気持ちを
かくしてばかりでは
もったいないわ。

-110-

テスト46 どんな香りの香水?

プレゼントで香水をもらったよ。
とてもいい香りがするけれど、それはどんな香りかな?

A バニラの甘い香り

B バラの花の香り

C レモンのさわやかな香り

D せっけんのやさしい香り

➡診断結果は次のページ

A　自由なグループ交際がしたい

あなたはだれかひとりとつき合うより、友だち感覚でつき合えるボーイフレンドがまわりにたくさんほしいようだね。男女の仲良しグループで、出かけたり、楽しい時間をすごしたいという気持ちのほうが強いみたい。

B　ふたりでコッソリ恋をしたい

好きな人と両想いになって、ふたりきりでデートとかしてみたいのね。でも、まわりに知られたり、じゃまされたりする仲ではなく、ヒミツの恋をしたいと思っているみたい。けっこう独占欲が強いのかもね。

C　友だち以上恋人未満の恋がしたい

放課後に教室に残って話をしたり、校庭で遊んだり……。ただの友だちみたいだけど、ちょっとだけ意識し合ってるみたいな、友だち以上恋人未満の恋がいいのね。それはあなたが好きな人とふたりきりになるとちょっとどぎまぎしてしまうからじゃないかな。

D　まだまだ恋はおあずけ

恋にはあこがれるけれど、まわりの人とは距離を置きたいと思っているようだよ。あなたには同い年の人が子どもっぽく見えてしまうのかも。だから、恋の相手とか、つき合う相手とは考えられないのかもしれないね。それに恋はもっと大人になってからするものって気持ちがあるのかな。

恋しそうになったら、
私がじゃましちゃうよ！

テスト47 どこで見かけた?

放課後、ステキな転校生の男の子を見かけたよ。
その人は学校のどこにいたかな?

A 校庭

B 音楽室

C コンピューター室

D 放送室

→診断結果は次のページ

Ａ 正義感あふれる、さわやかイケメン男子

あなたはクラスでいちばん人気の男子が好きなのね。明るくさわやかで、クラスメイトからも先生からも人気者。また弱い者いじめや仲間はずれはしない、正義感の強い男子にあこがれているみたい。

Ｂ 上品で落ち着きのある、男子

あなたはほかの男子といっしょになって、子どもっぽいいたずらをしたり、ふざけたりしない大人の落ち着きのある男子が好きなのね。また育ちのよさや、上品さを感じられる男子にあこがれているみたい。

Ｃ かしこく冷静な、学者系男子

あなたは頭がよくてかしこそうだけど、優等生っぽくはない男子が好きなのね。まわりの男子や女子がさわいでいても、冷静にみんなのすることを観察しているようなカレ。また女子にはあまり関心がなさそうに見えるところにもあこがれているのね。

Ｄ 自信にあふれた、おしゃれ男子

あなたは人当たりがよくて、ファッションセンスのよいおしゃれ男子が好きなのね。自分に自信を持っていて、同い年の男子たちよりも少し大人。だれの前でも堂々とした態度がとれ、先生たちからも一目置かれているようなカレにあこがれているみたいよ。

あこがれを持つのは
とってもステキなことよ♡

テスト48 どのブローチをつける?

胸元につけるブローチ、あなたならどれがいい?

A 四つ葉のクローバー

B リボン

C キラキラリース

D テディベア

➡診断結果は次のページ

このテストでわかるのは……

恋をしたときのあなたの才能

A 人を幸せにする

あなたの恋の才能は、人を幸せにするものよ。あなたは恋をすると、とても幸せな気持ちになり、相手の幸せや自分のまわりにいる人全員が幸せになってほしいと願うみたい。だからまわりのみんなもあなたの幸せオーラに包まれて、とてもハッピーな気分になれちゃうの。

B キズナを深める

あなたの恋の才能は、ふたりの気持ちを固く結びつけるものよ。まるで世界はふたりのためにあるみたいね。ケンカをしても、ふたりは決してはなれられないし、まわりからも引き裂かれることはないわ。

C 自信をあたえる

あなたの恋の才能は、自分にも相手にも自信をあたえるものよ。あなたは恋をすればするほど魅力的になり、相手の魅力を引き出すこともできるわ。まわりのみんながあこがれる最高のカップルになれそうね。

D いやしをあたえる

あなたの恋の才能は、心の平和と安らぎをもたらすものよ。好きな人とたとえいっしょにいられない時間が多くても、相手を信じ、わがままなどは言わないはずよ。だからあなたに恋をされた相手もあなたといっしょにいると、とても安らぐの。

生まれ持った恋の才能はだれにでもあるものよ。自分で気がつかないだけ。

テスト49 あなたの返事は?

楽しみにしていた夏祭り。なのに、雨が降ってきちゃったよ。
いっしょに行くことになっていた友だちから、「どうする?」と連絡が。
そのときのあなたの返事は?

Ⓐ 「もちろん、雨でも行くよ。行こうよ」

Ⓑ 「雨降ってるから、行くのやめようよ」

Ⓒ 「どうしようかな、どうする?」

テスト50 どのお菓子を選ぶ?

いろいろなお菓子の袋づめがあるよ。
どれかひとつ持ちかえっていいと言われたら、あなたはどれを選ぶ?

Ⓐ 大好きなお菓子が1種類だけたくさんつまっている袋

Ⓑ 種類のちがう3種類のお菓子がたくさんつまっている袋

Ⓒ ぜんぶ種類のちがうお菓子がたくさんつまっている袋

➡診断結果は次のページ

診断49 恋したときの夢中度

A 夢中度90%

あなたはだれかを好きになると、夢中になりやすいタイプだね。でも、あるとき急に気持ちが冷めてしまうことがあるよ。まるで恋の魔法がとけちゃったみたいにね。

B 夢中度50%

あなたはだれかを好きになっても、すぐに夢中になることはないようだね。つき合っていくうちに夢中になるタイプ。でも、一度好きになっちゃえば長続きするよ。

C 夢中度30%

あなたはだれかを好きになっても、自分の気持ちにブレーキをかけるようだね。相手に夢中になりすぎる自分もこわいし、相手にフラれるのもこわいみたい。

診断50 あなたのうわき度

A うわき度10%

あなたはだれかを好きになったら一途なタイプ。ほかにだれか、魅力的な人が近づいてきても、その人には目もくれようとしないはず。

でも相手がほかの人をちょっとほめただけでも、カーッと頭に血がのぼるタイプだよね〜。

B うわき度50%

あなたは一途とは言えないけれど、うわきっぽいというほどでもなさそうね。でも、ほかにカッコいい人が近くにいたら、ついそっちに興味をそそられちゃうかも。

C うわき度90%

あなたはかなりうわきっぽいみたい。つき合っている人がいても、ステキな人がいたらすぐ、その人とつき合いたいと思っちゃうのね。恋に欲張りなタイプだよ。

テスト51 お化けが目の前にいたら？

こわいと評判のお化け屋敷に友だち何人かで入ったよ。入ったとたん、いきなりこわいお化けが目の前に！　さて、あなたはどうする？

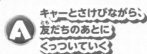

A キャーとさけびながら、友だちのあとにくっついていく

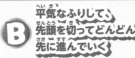

B 平気なふりして♪先頭を切ってどんどん先に進んでいく

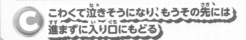

C こわくて泣きそうになり、もうその先には進まずに入り口にもどる

➡診断結果は次のページ

このテストでわかるのは……

男子に対するあなたの態度

A ぶりっ子ちゃん

あなたは女子といるときと男子がいるときでは、態度が変わるみたい。とくに好きな男子の前ではぶりっ子のようだね。自分では気づいていないかもしれないけれど、ほかの女子にはきっと見抜かれているわ。

> 好きな男子にはぶりっ子のあなたが、本当のあなたと思われているかもしれないけど、親しくなったときには、どう思われるかしらね。

B ぶっきらぼう

あなたは女子の前でも男子の前でも、とくに態度は変わらないみたい。どちらかというと、好きな男子の前では好きだってことを気づかれたくなくて、わざとぶっきらぼうな態度をとることもありそう。

> 好きな男子には、あなたが自分のことを好きだってこと、ぜんぜん気づかれないかもね。

C はにかみ屋さん

あなたは女子にも男子にも、ひかえめなところがあるみたい。とくに好きな男子の前でははずかしくて、ますます引っ込み思案になってしまいそう。でも、心の中ではずっとその男子のことを思い続けているようね。

> 好きな男子が近くを通ると、すぐ顔が赤くなったりして、まわりの人にはあなたの気持ちはバレバレだけどね。

テスト 52 どんな仮装にする?

ハロウィンパーティーで仮装をすることになったよ。
あなたはどんな仮装をする?

A 妖精

B お姫さま

C 魔女

D 海賊

➡ 診断結果は次のページ

このテストでわかるのは……
あなたが好きになってしまうタイプ

A かくれ変わり者男子

あなたはちょっと変わった趣味を持っている男子を好きになりそう。やさしくて勉強もできて、一見ふつうに見えるけれども、虫をじっと観察するのが趣味だったり、ほかの男子とはちょっとちがう感じの男子を好きになってしまいそうだよ。

B クラスの人気者

あなたはクラスでも人気者の男子を好きになりそう。自分では高望みではないと言いながらも勉強もスポーツもできて、女子からも男子からもカッコいいと言われる存在の男子を好きになってしまいそうね。

C 年上のお兄さん

あなたは明るくスマートな年上のお兄さんを好きになりそう。同い年の男子は子どもっぽく見えてしまうのかも。友だちのお兄さんとか、塾の先生、スポーツクラブのコーチ、よく行くお店の店員さんとか。いつもさわやかな笑顔を向けてくれるお兄さんを好きになってしまいそうだね。

> そんなお兄さんがいたら楽しいけど、
> あこがれどまりの恋になりそうだね。

D 意外性のある男子

あなたは大人に対して、ちょっと反抗的な感じの男子を好きになりそう。先生やまわりの大人からは生意気とみなされているけれど、いじめられている人を守ってあげたり、小さな動物をかわいがっていたり、意外とやさしい面がある男子を好きになってしまいそうだね。

テスト53 友だちとほしいものがかぶったら？

友だちとショッピングに行ったら、かわいいおさいふを見つけたよ。
友だちもそれがほしいと言っているけれど、ひとつしかないの。
先に見つけたのはあなた。さて、どうする？

A 「〇〇ちゃん、買いなよ」と、友だちにゆずってあげる

B 「ダメ、私が先に見つけたんだから！」と、ゆずらない

C 「じゃんけんで決めよう」と提案する

D 「じゃあ、私はほかのにする」と言う

➡診断結果は次のページ

このテストでわかるのは……

友だちと好きな人がかぶったとき

A 友だちを応援する

あなたは友だちと同じ人を好きになったら、自分はあきらめて友だちにゆずるタイプね。それどころか、ふたりがうまくいくよう、仲を取り持ってあげたりもするわ。でも、心の中ではちょっぴりさびしく思うわよ。

B ぜったいにゆずらない

あなたは友だちと同じ人を好きになったら、ライバル心を燃やして友だちに勝とうとするわ。それにもし相手があなたの友だちのほうを選んだりしたら、プライドが許さなくて、友だちとは絶交しそう。

C 正々堂々と戦う

あなたは友だちと同じ人を好きになったら、「ふたりでがんばろうね」なんて言いそうなタイプよ。友だちとはこれからもずっと仲良くしたいので、最終的には好きな人と親しくなることを望むより、友情のほうを大事にしたいのね。

D 気持ちが冷める

あなたは友だちと同じ人を好きになったら、急にその人に対する思いが冷めてしまうみたいよ。あなたにとって、好きな人って、自分だけの特別な人でなければならないのね。

> ようは人とかぶるのが許せなくて、
> 自分がいつも特別な人でありたいのよね。
> でも、そんなんじゃいつまでも恋人ができないかもよ〜。

テスト54 どんな味がした?

レモンに似た不思議な果物。
食べてみたらどんな味がした?

A 甘かった

B すっぱかった

C 苦かった

D 変な味がした

テスト55 どうやって食べる?

家に採れたてのリンゴが大きな箱で送られてきたよ。なんとなく、
いつもとちがう食べかたをしたくなったあなた。どうやって食べたい?

A 洗って皮ごと
まるかじり
したい

B ジュースか、
スムージーに
したい

C ジャムにして
食べたい

D アップルパイに
して食べたい

→診断結果は次のページ

125

診断 54　あなたのファーストキスの味

選んだ味がファーストキスの味だよ。自分がイメージしていたのとちがっていたかな？

診断 55　恋をしたときのあなたのようす

A 頭の中がお花畑

恋をすると、何もかもが新鮮に感じられ、まわりの世界がかがやいて見えるようになるよ。気持ちも明るくなって、何を見ても何をしても楽しくて、うれしくて、笑いだしそうになるはずだよ。だから、まわりの人にもあなたが恋していることがわかってしまうかもね。

B やる気ぐんぐん

恋をすると、これまでより勉強もちゃんとやるようになるし、習い事も熱心になるみたい。たくさんがんばって認めてもらいたいと思っているのね。

C 妄想少女

恋をすると、物思いにふけりたくなるよ。好きな人と空想の中で会話をしたり、ステキな場所でデートをしているときのことを思いうかべたり。空想の中では自分も相手もドラマや映画の中の恋人たちのように思えるかもしれないね。

D プレゼント女子

恋をすると、その気持ちを伝えるためにはプレゼントが大事だと思っているようだね。相手のお誕生日やバレンタインデーには心をこめてプレゼント。もちろん、自分も相手からのプレゼントを期待しているよね。だって、プレゼント交換は愛の証だもの。

物だけでは人の気持ちは手に入れられないよ。

テスト 56 どこにいちばんあこがれる？

街で撮影しているモデルさんを見かけたよ。
大人になったら自分もこんなふうになれるといいなと思ったあなた。
モデルさんのボディパーツのどこにいちばんあこがれる？

A 小さい顔

B 高い身長

C 細い手足

テスト 57 あとでどうしてる？

映画館や美術館・博物館、コンサートなどの
入場券の半券やパンフレットなどは、あとでどうしている？

A いいものは記念に取ってある

B 捨ててはいないけどどこかに紛れ込んでいる

C たいていのものはわりとすぐに捨ててしまう

気がつくと、いっぱいたまってんのよね〜。

➡診断結果は次のページ

127

診断 56　あなたが恋の嫉妬心の強い人かどうか

A とても嫉妬心の強い人
あなたは好きな人が自分以外のだれかと仲良くしているのを見ると、心の中にめらめらと燃える炎のような感情がわき起こってくるタイプね。

B 嫉妬心が強い人
あなたは嫉妬心よりも怒りを感じやすいみたい。好きな人が自分以外のだれかと仲良くしているのを見ると、なんとなくムカムカして、無性に腹が立つようね。

C 嫉妬心があまりない人
あなたは嫉妬心みたいなめんどうくさい感情にとらわれたくないのね。好きな人が自分以外のだれかと仲良くしているのを見ても、わりあい冷静でいられるみたい。

診断 57　あなたが初恋の思い出を大切にする人かどうか

A 初恋の思い出をとても大切にする人
あなたは初めて好きになった人が、いちばん心に残るタイプ。大人になっても、ときどき思い出してはせつない気持ちになるはずだよ。

B 初恋のことはたまに思い出す程度
あなたは初恋よりいまの恋のほうがリアル。大人になったら、忘れちゃいそう。

過去の恋なんてふり返ってられないわ！

C 初恋のことは忘れちゃうみたい
あなたは好きだった人の名前も忘れちゃっているかも。初めての恋はそれほど記憶に残るものではなかったのかもしれないわ。

テスト58 天使と悪魔からの質問⑤

次の質問にYESかNOで答えてね。

YESが7個以上 ➡ **A**
YESが4〜6個 ➡ **B**
YESが3個以下 ➡ **C**

1 悲しいことがあるとすぐ泣いてしまう

2 外で遊ぶより、部屋の中で遊ぶのが好き

3 ときどきだれにも見せない絵や詩を書いている

4 空想の世界にひたってうっとりしていることがある

5 声が小さいと言われる

6 いつも自分のお部屋に花を飾っている

7 男子とはあまり話をしない

8 感動したときや、うれしいときもすぐ涙が出る

9 たとえ国語の教科書のお話に出てきても、「おしり」とか、はずかしくて口に出せない

10 夕暮れ時はいつもさびしい気分になる

11 ほかの子よりからだが弱いほうだと思っている

12 大声の人や乱暴な人がいるとこわくてふるえることがある

➡診断結果は次のページ

129

男子から見たあなた

Ⓐ 守ってあげたい繊細な女の子

男子から見て、あなたは傷つきやすそうに見えるタイプ。はれ物にさわるように注意してあつかわなくてはいけないと思うみたい。ひとりでだいじょうぶかな、手伝ってあげようかなと親切心を起こさせるようよ。

> でも、女子からすれば、かよわいふりした「ぶりっ子」に見えちゃうかもね。

Ⓑ めんどうくさい女の子

ふだんはふつうなのに、よくわからないときに急にきげんが悪くなったり、か弱い女の子みたいな態度をとられたり……。男子にとってあなたはよくわからない、あつかいにくいタイプと思われているみたいよ。

> でも、それが男子にとって、気になる女の子の要素となっているところかも。

Ⓒ 強くて元気な女の子

あなたは男子から男っぽいタイプと思われていそう。男子はあなたに遠慮せずにものを言ったりするんじゃない？　気楽につき合える女子として人気はあるけれども、女の子として思われていなさそうね。

> でも、相手から冗談でも傷つくようなことを言われたら、ちゃんと悲しいって伝えてね。

テスト59 恋人同士はどんな関係?

人気のアニメ映画を見ることになったよ。
その映画に出てくる恋人同士はどんな関係?

A
愛するふたりは敵同士

B
愛する男の子は重い病

C
愛するふたりは幼なじみ

→診断結果は次のページ

診断 59

このテストでわかるのは……

あなたの恋が成功するコツ

A もっと自分の気持ちに素直になる!

あなたは相手に自分の気持ちを素直に表したら、きらわれるのではないかと心配をしているようね。ようは傷つくのがこわいのね。でも、傷つくことをこわがっていたら、いつまでも気持ちが通じ合わないままだよ。もっと自分の気持ちを態度や言葉で表すと、カレとの距離もちぢまるはずだよ。

B 自然にふるまうようにする!

あなたは好きになったら、相手を喜ばせたい、自分を好きになってもらいたいという気持ちが強いようね。だからカレにはよくプレゼントをしたりするんじゃない? もちろん、それで相手を喜ばせたいのだけど、本当はお返しを期待しているわね。それが相手にとっては重荷になりそうよ。もっと自然なあなたでいるようにしたほうが、いい関係をキープしていけるはず。

C がんばりすぎないようにする!

あなたはだれかを好きになったら、その人にふさわしい人になろうとするわね。それが相手にも伝わって、相手はしんどくなるかも。恋はがんばらなくてもいいから、肩の力を抜いてカレとの会話を楽しむようにすると、カレからもいっしょにいて楽しい人と好かれるかも!

気づかいは大切だけど、自然な自分でいられるようにしてね。

テスト60 何か書くもの貸して

気になるカレに、何か書くもの貸してと聞いてみて。
カレはどんな反応をするかな？

 「いいよ」と言って、
すぐに書くものを
貸してくれる

 「あげるよ、
返さなくていいから」と
言って貸してくれる

 「ちゃんと返してね」と
言ってから、
貸してくれる

 「貸せない」と言って、
断られる

➡診断結果は次のページ

133

診断 60

このテストでわかるのは……

カレがあなたのことをどう思っているか

A 意識はしていないけれど、好意は持っている

カレはあなたを女の子としてはまだ意識していないけれど、好きみたいね。これからどう発展するかわからないけれど、あまり期待しすぎちゃダメ。カレは性格がよさそうなので、ほかの女の子にも同じように貸してあげる人かもしれないからね。

B とても好意を持っている

恋に発展する可能性があるよ。あなたが積極的にカレにアプローチすれば、きっとカレはあなたの気持ちにこたえてくれるはず。もし、カレが借りたものを返そうとしても受け取らなければ、別のものをあげて感謝の気持ちを表すといいわ。いいカップルになれそう！

C クラスメイトのひとり

カレはあなたに特別な気持ちは抱いていないわね。恋に発展する可能性は低そうよ。それにカレはまだ恋愛に興味がなさそう。友だち未満の関係のままでいよう。

D 苦手なタイプ

カレはあなたが苦手かも。でも、もしかしたら、だれに対しても同じような態度をとる人かもしれないから、気を落とさないで。ただ、恋の相手にはふさわしくないわ。ただのクラスメイトどまりね。

だいじょうぶ。
フラれても私がずーっと
そばにいてあげる！

134

テスト 61 食べたいおやつは？

夜、コッソリおやつが食べたいと思ったとき、
どんなおやつを食べたいかカレに聞いてみて。カレの答えは次のどれかな？

A ケーキ

B クッキーや
チョコレート

C おせんべいや
ナッツ

D ポテト
チップス

ポテトチップス

➡診断結果は次のページ

診断61 このテストでわかるのは……
カレが求める愛のかたち

Ⓐ 甘く、とろけるような愛
カレは恋人にはべったり甘えたいタイプ。でも、相手を甘えさせるのは上手ではないわ。自分が愛され、お世話してもらうほうがいいのね。ようはお母さんがいちばんなのかも。

Ⓑ 自分のすべてを受け入れてもらえる究極の愛
カレはドラマなどで見る大人の恋に興味があるようね。でも実際にカレ自身はまだ子ども。好きな人といっしょに楽しい時間をすごしたい、そのためには自分のわがままも受け入れてほしいと思っているようだよ。つき合うとわがままなところが出てきそうね。

Ⓒ ベタベタしないさわやかな愛
カレはベタベタした愛情を示されるのは苦手のようよ。自分もあまり甘い愛の表現ができるほうではないわ。愛情がないわけではないけど、それを表現するのが苦手な人と言ってもいいわね。でも、信頼できそうなタイプね。

Ⓓ 青春恋愛ドラマのような愛
カレは人前では恋に無関心な態度。好きな人の前でもツンとすましていたり、冷めた態度をとっているかも。でも、本当は恋愛ドラマの主人公になったみたいな恋にあこがれているわ。人前では強がっていても、ふたりきりになると、ふざけ合ったり甘え合いたいタイプみたいよ。

カレの本性がわかると、恋心も冷めちゃうかもね〜。

136

テスト62 いちばん好きな乗り物は?

カレにどんな乗り物がいちばん好きか答えてもらって。
カレの答えは次のどれかな?

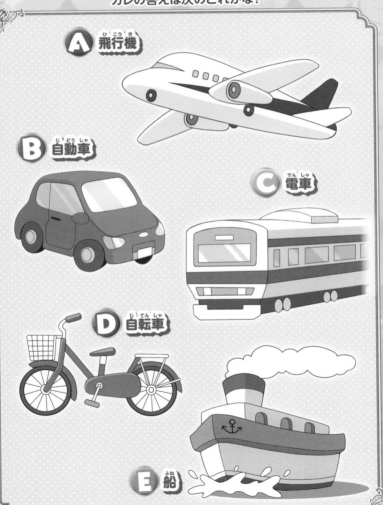

A 飛行機

B 自動車

C 電車

D 自転車

E 船

→診断結果は次のページ

カレのかくれた本性と好みのタイプ

Ⓐ 女の子の前ではかなりカッコつけるタイプ

カレはもともと行動力があってなんでもテキパキやれるはずの人なのに、もっと自分をよく見せたいと思って見栄を張っているところがあるわ。別に見栄を張らなくてもホントはステキなカレなのにね。彼女にしたいのは、みんなに自慢できるようなルックスの女の子だよ。

Ⓑ まわりの人の評価を気にするタイプ

カレは女の子たちにはきらわれたくないと思っているみたい。くったくなく明るくふるまっているときでも、けっこうまわりの空気を読もうとしているところがあるかもしれないよ。彼女にしたいのはだれからも好かれるハデすぎない女の子だよ。

Ⓒ 男同士の友情を大事にするタイプ

カレは男の子同士で趣味の話をするのをとても大切にしているよ。自分の趣味について、女子にはわからないだろうな、理解されないだろうなと思っているところがあるからみたい。アニメのかわいい女の子キャラは好きみたいだけど、教室にいる感情的になりやすく、よくキャーキャー言うような女の子が苦手のようだよ。実際に彼女にしたいのは物静かだけど、内面がしっかりしている女の子だよ。

Ⓓ 自分の意見や考えかたにこだわるタイプ

カレにはこれはこうするべきだとか、こうしなくちゃいけないと、自分が決めた基準やルールがあって、それを守ろうとするよ。その基準やルールには、マナーや整理整頓のしかたなども含まれているみたい。女の子に対する注文がうるさそう。だけど、好きになった子のことはとても大事にするよ。彼女にしたいのはきちんとした清楚なお嬢さまタイプの女の子だよ。

Ⓔ 自由にあこがれているタイプ

カレは大勢の人たちといっしょに活動し、世界中に友だちの輪を広げることにあこがれを感じているみたい。女の子とはどんな子とも仲良くできそうだね。だから、だれが本命かわからないことがあるわ。気が多いように見えることもあるけど、本当に好きになった女の子にはとても誠実よ。彼女にしたいのはかたくるしくない、明るい女の子だよ。

あなたはカレの好みのタイプに近かったかしら?

139

テスト63 気になるあの人との相性チェック！

❖あなたのキャラをチェック❖

A

① みんなと同じことを
するのはきらい

② 本を読むのが好き

③ 冒険物語より涙がでる
ような悲しいお話が好き

④ はずかしがりやで
赤くなりやすい

⑤ 絵をかいたり作文を
書くのは好きなほうだ

⑥ 自分はほかの子に
くらべ、変わっている

B

① 仲良しグループで
遊んでいる

② よくみんなで好きな
芸能人の話をする

③ トイレに行くときは
友だちといっしょ

④ お菓子を持っていたら
みんなに分けてあげる

⑤ ゴキブリや虫がいると、
キャーと言う

⑥ 発表するときなど、
緊張しやすいタイプ

C

① どこでもきちんと
あいさつしている

② 好ききらいなく
なんでも食べる

③ 親や先生には
まじめと言われる

④ 友だちとはあまり
ケンカしないほうだ

⑤ 学校の決まりは
きちんと守るタイプ

⑥ みんながさわいでいても
自分はさわがない

D

① 髪型や服装には気を
つかっている

② みんなの中心になって
話していることが多い

③ 「すごいね」ってほめら
れることがよくある

④ 友だちはライバル。仲の
いい友だちでも
ぜったい負けたくない

⑤ 勉強や運動はたいてい
なんでもうまくやれる

⑥ テキパキしているほうだ

140

Ⓐ～Ⓓの質問に答えてね。YESなら□に○をつけて、○が多いブロックが自分のキャラだよ。気になるカレのことはⒺ～Ⓗでチェックしよう。同じ数のブロックがあったら両方のキャラを持つタイプ。

カレのキャラをチェック

Ⓔ

① よく学級委員などに選ばれ、先生の信頼も厚い □
② クラスではみんなのリーダー役 □
③ 成績はかなりいいほう □
④ 服装や髪型に気をつかっている □
⑤ ほかのクラスの子たちにも人気がある □
⑥ 勉強だけでなく体育やスポーツもよくできる □

Ⓕ

① 落ち着いているタイプだ □
② おしゃべりではないけど、話すと声が大きい □
③ ぶっきらぼうなところがある □
④ 先生や大人には反抗的な態度をとることもある □
⑤ 給食やお弁当は残さず、よく食べる □
⑥ 女子に対してあまり愛想はよくない □

Ⓖ

① クラスのだれとでも気軽に話す □
② みんなをおもしろがらせるようなことを言う □
③ 先生に叱られても笑ってすまし、へこたれない □
④ 仲のいい男子たちといっしょに行動している □
⑤ よくしゃべるほうだ □
⑥ 女子ともよくしゃべる □

Ⓗ

① 物静かで女子とはほとんど話をしない □
② 国語より算数や理科のほうが得意 □
③ パソコンの使いかたやゲームをよく知っている □
④ さわいだりしないタイプだ □
⑤ 友だちは少なく、似たような感じの物静かな男子と話している □
⑥ 理屈っぽい話しかたをする □

➡診断結果は次のページ

141

診断 63-1　あなたのキャラと 恋のアドバイス

A カナリヤタイプ

ドラマみたいな恋にあこがれているあなた。空想の中では大胆な恋の主役になれるし、大人っぽいことを考えているわね。でも、実際に好きな人の前に出ると、真っ赤になってしまうんじゃない？　そんなところを男子はかわいいと思っているかもしれないよ。

B ウサギタイプ

女友だちだけでなく、男の子たちとも仲良くなりたいあなた。友だち以上恋人未満の明るいおつき合いが向いているわ。でも、好きな人に告白するのって勇気がいるわね。ほかに好きな子がいたりしたらショック。あなたの気持ちは、仲のいい友だちに伝えてもらおう。

C パンダタイプ

落ち着きがあってまじめそうに見えるあなた。男女両方の前でも態度が変わらないので、みんなから信頼されていそう。でも、それが男の子の気を引くのをにぶらせているのかも。たまにはちょっぴり女の子らしい格好もしてみて。いきなり男子にモテそう。

D ヒョウタイプ

目立つところがあって、まわりから注目を浴びやすいあなた。好きになるのはみんながあこがれているカッコいい男子。そのへんの男の子には興味がないみたい。でも、お高く留まっていると思われないよう、だれに対しても、感じよくふるまおう。

診断63-2 カレのキャラと好きな女の子のタイプ

E ライオンタイプ

リーダータイプのカレ。カッコよくて、男女両方からあこがれられているわ。きっと目に見えないところで、勉強でもなんでも、かなりの努力をしているはずよ。カレはかわいくて、目立つタイプの女の子が好きみたいよ。

F クマタイプ

落ち着いているように見えるカレ。女の子のあなたからすれば、わかりにくいタイプかも。好きな女の子はいそうだけど、だれにも言わないタイプのようだね。カレが好きなのは健康的でハキハキしている女の子よ。

G カンガルータイプ

楽しいことが好きで、友だちづき合いを大切にするカレ。一対一のおつき合いよりグループ交際のほうがいいみたい。カレはきっと、社交的な明るい女の子が好きよ。

H モモンガタイプ

冷静に物事を観察しているカレ。さわがしいのがきらいで、おしゃべりでキャーキャーいうような女子は大の苦手。自分の趣味や好きなことを理解してくれる女の子と話してみたいようよ。

自分の キャラ | 相手のキャラ

ライオン | クマ

 カナリヤ

✕ カナリヤ×ライオン

カレはあなたが夢見ている恋の対象ではないみたい。また、カレからすれば、あなたはちょっとおとなしすぎるのかも。正反対の性格で、おたがいに恋の相手にはなりにくいわ。

◎ カナリヤ×クマ

カレはたよりがいがありそうね。ちょっとしたことで気持ちがブレるあなたを受け止めてくれるはずよ。理想の相手とはイメージがちがうかもしれないけど、いい相性よ。

 ウサギ

◎ ウサギ×ライオン

みんなの中ではリーダー的な立場で、カッコいいカレをあなたは大好きになりそう。明るい笑顔で近づけば、カレもあなたに好意を持ってくれそう。

✕ ウサギ×クマ

ふだんは落ち着いているカレと、おしゃべりであわてんぼうのあなた。カレはあなたのおしゃべりをうるさく感じちゃうかも。ふたりの相性はイマイチかも。

 パンダ

△ パンダ×ライオン

リーダーシップがあって人気者のカレに、あなたはあこがれを感じそう。カレもまじめなあなたに好感を抱くでしょう。でも、ふたりの仲は恋人同士というよりも、友情に近いわ。

◎ パンダ×クマ

落ち着いているカレとまじめなあなた。どことなく波長が合うところがあるみたい。初めは恋心がなくても、いつのまにか気になる存在になるかもしれないよ。

 ヒョウ

◎ ヒョウ×ライオン

どちらも積極的で自分に自信を持っているタイプ。恋の相手としては理想的。まわりから見ても、ふたりはお似合いのカップル。ただ、長続きするかどうかは疑問。

△ ヒョウ×クマ

どこか恋に不器用なところのあるカレ。そして、華やかな恋にあこがれるあなた。ふたりの気持ちは、ぴったり合わず、すれちがっていってしまいそう。

あなたとカレのキャラ診断はどうだったかな？
下の表でふたりの相性チェックしてみよう。

◎最高の相性！ ○なかなかいい相性 △まあまあの相性 ×がっかりな相性

カンガルー

△ カナリヤ×カンガルー
明るいカレだけど、あなたにとってはフツーの男の子。ちょっぴりお調子者で、あなたの夢見る恋の対象にはなりにくいわね。でも、友だちにはなれそうよ。

◎ ウサギ×カンガルー
明るく話しやすいカレとどこか似たところのあるあなた。どちらも仲間や友だちを大切にするので、グループ交際から恋が発展していきそう。

× パンダ×カンガルー
元気で明るいカレだけど、ちょっとお調子者のところも。あなたからすれば、子どもっぽく見えるところもあるよ。恋に発展することはなさそう。

◎ ヒョウ×カンガルー
明るく元気で、友だちや仲間を大切にするカレ。いっしょにいると、あなたの気持ちも明るくなるよ。初めはただの友だちでも恋に発展することもあるよ。

モモンガ

◎ カナリヤ×モモンガ
頭の中でいろいろなことを考えているカレ。女の子とはあまり話さないタイプだし、仲良くなるのはむずかしそうだけど、恋の相性はとてもよさそうよ。

△ ウサギ×モモンガ
頭がよく、かしこそうなカレ。でも、カレの話にあなたはあまり興味がわからず、カレはあなたのおしゃべりをうるさいし、たいくつと感じるかも。

○ パンダ×モモンガ
かしこくて物知りのカレを心の中ですごいと思っているあなた。カレのほうもあなたをかしこい人だと思っているみたい。恋が育っていく可能性は大。

× ヒョウ×モモンガ
いつも冷静なカレに、あなたは魅力を感じそう。カレもあなたをいい子だとは思っているけれども、個人的につき合いたい相手ではなさそう。友だち止まりね。

145

コラム あの人の口元チェック

口元から相手の性格がわかることがあるよ。
話をしているときなど、意外と口元に目がいくことも多いはず。
コッソリチェックしてみよう。

口角（口の左右のはしっこ）が少し上がっている人

左右のはしが上がっている口元を「アルカイックスマイル」というよ。こういう人はモテモテで、芸能人に多く見られるの。あなたも口角を上げるようにすると、モテるかも!?

口を真横に結び、唇をぐっとかみしめている人

こういう人は何かを我慢しているの。つらいことや苦しいことがあって、それに耐えているのかも。または言っちゃいけないことがあるときも、真横に口を結ぶときがあるよ。

口元がぽかんと空いてしまっている人

単に鼻が詰まっているのかもしれないけど、そうでないときにも口が開いている人は、ぼんやり空想にひたっていることの多いタイプ。ちょっと不注意なところがある人だよ。

話をしていると、よく歯が見える人

上下の歯が歯ぐきの近くまで全体によく見える人は、いつも前向きで明るく、物事をポジティブに考えるタイプ。おしゃべりな人や歌がうまい人もこういう口元をしている人が多いよ。

> 歯をきちんとみがいてにっこりほほ笑むと、みんなからいい印象を持たれるはずよ。

第4章
天使と悪魔のキラキラ才能診断

テスト64 あなたのかくれた才能は？

たとえばあなたが探偵や刑事だったとしたら、どんなふうに事件を解決しているかな？　想像しながらQ1から順に進もう。

Q1 事件発生の知らせが。あなたの取った行動は？

a すぐ現場へ直行 ⇒Q2へ

b まずは情報を集める ⇒Q3へ

Q2 犯人の姿を発見、どう接する？

a 得意な格闘技でなぎ倒す⇒Q4へ

b まずはあいさつをして近づく⇒Q5へ

Q3 犯人を追跡する方法は？

a 車で追跡、カーチェイス ⇒Q5へ

b パソコン上でGPSを使う⇒Q6へ

Q4 探偵や刑事としてのあなたの弱みは？

a 犯人をとことん追いつめてしまう⇒Q7へ

b おっちょこちょいで犯人の仕掛けた罠にはまる⇒Q8へ

Q5 いままでに解決したむずかしい事件は？

a 100億円現金強奪事件 ⇒Q8へ

b 罪のない人が犯人に仕立て上げられた事件⇒Q9へ

Q6 あなたに備わった特殊な能力とは?

a 犯人の気持ちを察して説得できる ⇒ **Q9**へ

b 犯人以上に冷酷になれる⇒ **Q10**へ

Q7 事件解決後、記者会見に呼び出されたあなたは?

a モデルのような華麗な姿で登場 ⇒ 151ページ **タイプB**

b すっぽかして次の事件現場へ ⇒ 150ページ **タイプA**

Q8 犯行を自白しない犯人。あなたはどうする?

a 犯人の欲を刺激し取引をする ⇒ 151ページ **タイプB**

b 犯人の気持ちにうったえて泣かせる ⇒ 152ページ **タイプC**

Q9 罪の意識がない犯人を説得するにはどんな言葉をかける?

a これは人としてやってはいけないことなんだ ⇒ 153ページ **タイプD**

b 家族や愛する人を悲しませるようなことをするな ⇒ 152ページ **タイプC**

Q10 未解決事件を、どうやって解決した?

a コツコツ状況証拠を積み上げていった ⇒ 153ページ **タイプD**

b 機密文書が入ったメモリのパスワードを解いた ⇒ 154ページ **タイプE**

→診断結果は次のページ

診断64 あなたの才能と向いている職業

タイプA チャレンジ精神を生かそう

あなたはチャレンジ精神旺盛な人。どんなことでもエネルギッシュに行動できるよ。いつも全力で何かをやっていないと、気がすまないんじゃない？　やりたいことはなんでも挑戦するといいよ。うまくいったら自信につながるはずだから、簡単にやれることより、少しむずかしいことのほうが、挑戦しがいがあるみたい。向いているお仕事で言えば、映画監督のような全体を仕切る仕事や、まだだれもやっていないことを始めるのもいいかも。

失敗をおそれずにチャレンジしてね！

150

タイプB やる気と行動力を生かそう

あなたはやる気がある人。やると決めたことは必ず実行するよ。はっきり目標を定めてやることが得意なのね。だからもともと得意なことで、賞を取ることをめざしたり、何番以内に入ると決めてやってみると、ものすごい力を発揮できそう。またライバルがいることも、いい刺激になるみたいよ。自分ひとりでやるだけではなく、チームの中心メンバーとして活躍もできるタイプ。向いているお仕事で言えば、人前に立って司会をしたり、製品を宣伝し、売り込むセールスの仕事なども向いていそうだよ。

自分ひとりでも、チームのメンバーとしても活躍できるのは能力のある証拠よ♡

タイプC 人をいやす能力を生かそう

あなたは人の気持ちを大切にする人。まわりの人のことを思いやり、気づかいや心配りができる人のようね。人をもてなしたり、人に喜ばれることをするのも好きなはず。人の気持ちをいやす才能もありそうだよ。向いているお仕事で言えばパティシエ（菓子職人）や料理研究家など、接客の仕事も向いていそう。また、保育や看護、心理カウンセリングの仕事などもやりがいを感じそう。芸能関係で、歌やダンスなど得意なことをみがいて、人を楽しませることをするのも合っているよ。

人の心をいやし、楽しませることができる人は、仕事でもプライベートでもとてもステキな人だよ。

タイプ D ねばり強さを生かそう

あなたはコツコツねばり強い人。細かいことも手を抜かず、きちんとやっていけそうだよ。自分に任された仕事は最後まで責任を持ってやりとげるはず。物事を正確にやり、まちがいやミスが少ないタイプだね。向いているお仕事で言うと、重要な書類やお金の計算なども必要な事務仕事、文字の誤りを見つけて直す校正の仕事、外国語が好きなら、通訳や翻訳の仕事などが合いそうだよ。社会を改革していくために、いま起きていることを世の中の人に伝える、ジャーナリストなども向いているよ。

きちんとしているあなたはまわりの人からとても信頼されるはずよ。

153

タイプE 集中力と表現力を生かそう

あなたは自分の好きな世界がはっきりしている人。興味のある世界を深く探求していくことができそう。好きなことには熱中し、人一倍集中力も長く保てそうだよ。その反面、興味のないことにはいくら、それをやっておけばためになるとか、あなたのためと言われても、やる気になれないはず。向いているお仕事で言えば、あなたは研究者や専門技術者などに向いていそう。好きなことで研究家になるのもいいよ。また、自分の好きな世界を言葉や音楽や絵などで表現するアーティスト、クリエイターなどでも活躍できそうだね。

> 自分の好きなこと、得意なことをしっかり持っていることは将来とても役に立つはずよ。

テスト65 どんな木になった?

あなたが記念に植えた小さな木の苗。
それは大きくなって、どんな木になったかな?

A まっすぐのびた大木

B 枝葉が広がった木

C たくさんの実がなる木

D きれいな花がさく木

➡診断結果は次のページ

このテストでわかるのは……

あなたが将来やりがいを感じること

A 世の中を暮らしやすくする社会活動

あなたはまっすぐな性格の大人になりそうだよ。正義感が強くて、だれもが平等に暮らせる社会を望んでいるみたい。世界中の人々と助け合えるような活動に参加すると、きっとやりがいを感じられるよ。

B たくさんの知識が得られる情報収集

あなたは心の広い大人になりそうだよ。頭の回転も速く、物事をいろいろな角度から見ることができそう。コンピューターを使ったり、分厚い本を読んで調べ物をしたりする情報収集におもしろさを感じることができそうだよ。

C アイデアが必要な商品開発や社長業

あなたは実りのある活動ができる大人になりそうだよ。自分でお店をつくって好きなものを売ってお店を大きくしたり、会社の社長になって、会社の経営について頭を使う仕事に興味を持ちそうだよ。

D 自分をみがける美容業界

あなたはきれいな大人になりたいようだね。まわりの人から「きれいだね」って言ってもらえるようなことに興味がありそう。ネイリストなどの美容やファッションの世界で、お客さんだけではなく、自分をみがいていくといいかも。

はじめはやりがいを感じていても
す〜ぐあきちゃうかもね。

テスト 66 魔法のくつをはくと？

魔法のくつをもらったあなた。そのくつをはくと
びっくりするようなことが起こったよ。それはどんなこと？

A 姿が消えて足跡も残らなくなった

B バレリーナのようにおどれるようになった

C どれだけ歩いても疲れなくなった

魔法のくつをはかなくたって
私はすべてできるけどね〜。

→診断結果は次のページ

Ⓐ まわりにアピールする

あなたは自分の得意なことをかくしていない？　もっと「こんなことができます」「こんなことを知っています」とはっきり言ったほうがいいよ。それは自慢ではなく、まわりにあなたの能力を知ってもらうため。きっとあなたの能力を生かせるチャンスがたくさんめぐってくるはずだよ。

Ⓑ いつも努力することを忘れない

あなたは自分の得意なことをまわりにアピールすることは得意なようだね。でも、ちょっぴりなまけぐせがあるから、せっかくできていたこともできなくなってきてしまうことがあるんじゃない？　アピールも大事だけれど、"地道に努力すること"を忘れないでね。

何かに向かって一生懸命努力することはきっと将来のあなたを助けてくれるはず。

Ⓒ 人の話に耳をかたむける

あなたはがんばる力がある人のようだね。「これをやろう」「これがやりたい」と思えば、人に言われなくても自分から積極的にやっていこうとするよね。ただ、得意なこともぜんぶが自己流にならないよう、ときには先生の指導に従ったり、友だちのやりかたを参考にしてみよう。

テスト67 天使と悪魔からの質問⑥

次の質問にYESかNOで答えてね。

YESが8個以上 ➡ **A**
YESが5〜7個 ➡ **B**
YESが4個以下 ➡ **C**

1 自分から積極的に手を挙げて発言するほう

2 しっかり相手の目を見て話せる

3 友だちのいいところをよくほめる

4 身だしなみにはいつも気をつけている

5 自己紹介で自分のいいところをちゃんと言える

6 近所でも学校でも自分からあいさつしているほう

7 （人に負けたくないけれど）、いちばんのライバルは自分だと思っている

8 やりかけたことはとちゅうで投げ出したりしない

9 大人の前でも物おじせず話せる

10 話したことのない人にも自分から積極的に声をかけられる

➡ 診断結果は次のページ

159

診断 67

このテストでわかるのは……

あなたがリーダーに向いているかどうか

A 天性のリーダータイプ

あなたはリーダーに向いているよ。リーダーとはみんなでひとつの目標を達成するために、自分が中心になってみんなを引っ張っていく役割。はきはきとしていて、行動力のあるあなたなら、みんながついてきてくれるはず。みんなのあこがれの的でいられるようなリーダーになるためにも、おしゃれにも力を入れて自分をみがいていこう。

B みんなのまとめ役、副部長タイプ

あなたはリーダーより、リーダーを助けるサブリーダーが向いていそう。グループの中ではリーダーの次に責任の重い役割。リーダーよりも目立たないところで、しっかりグループをまとめていかなければならないよ。リーダーよりも、信頼の厚い人になれるよう、だれとでも平等につき合えるように心がけて。

C めんどくさがり屋のメンバータイプ

あなたはリーダーには向かなさそう。そもそもグループ活動そのものにあまり参加したくないと思っているのかも。でも、やりたくなくても、あなたがリーダーにされることもあるかもしれないよ。いまのうちにリーダーに向いている人のやりかたを観察しておこう。

やりたくないものはしかたがない。得意な人に任せておけばいいって。

苦手なことでも自分の役割を見つけて協力することも大切だよ。

テスト 68 あなたの机の上は?

あなたの机の上はいま、どんな状態かな?

A ごちゃごちゃ散らかっている

B お気に入りのものでかざっている

C きれいに片づいている

テスト 69 あなたの足跡はどれ?

真っ白に積もった雪の上にあなたの足跡がついているよ。
それは次のどれ?

A まっすぐ続いている

B 曲がりくねって続いている

C あちらこちらに散らばっている

→診断結果は次のページ

161

あなたの物事の決めかた

Ⓐ おもしろさで判断

あなたはおもしろいことはすぐやるし、ほかのことは忘れて熱中するよね。でも、おもしろくないことはぜんぜんやる気になれないみたいね。

Ⓑ 好ききらいで判断

あなたは好きなものは大切にするけれど、きらいなものはどうでもいいと思っちゃうよね。人の好ききらいも激しそうだよ。

Ⓒ 良し悪しで判断

あなたはしていいことと悪いことの区別があって、悪いことはしちゃいけないと思っているようだよ。

でも、悪いこととかしてはいけないことも、ちょっとやってみたくならない？

あなたの考えかたのくせ

Ⓐ 頭ガチガチタイプ

あなたは正しい答えはひとつしかないと思っているよ。正解がふたつあるとか、3つあるといわれると、混乱しちゃうようだね。

Ⓑ 個性派学者タイプ

あなたはほかの人とちがう見かたができるタイプ。その見かたはとても個性的だよ。でも少しむずかしく考えすぎちゃうところもあるみたいだね。

Ⓒ ひらめきタイプ

あなたは頭の中にいろいろなことが思いうかぶみたいだね。新しいアイデアがわいてきたり、いろいろなひらめきがあって、考え出すと止まらなくなるタイプだね。

テスト70 どっちに行く?

お使いに行くとちゅう、駅からだいぶ歩いたところで道は三本道に。
どっちに行けばいいのかわからない。さて、あなたはどうする?

A 駅までもどって地図を
確かめてくる

B 近くを歩いている
親切そうな人に尋ねる

C 「こっちかな」と進んで
まちがっていたら、
引き返してまた別の道を行く

テスト71 船には何人乗っている?

船に乗っているところを思いうかべてみて。
その船には何人ぐらいの人が乗っている?

数を思いうかべたら、
診断結果を見てね。

→診断結果は次のページ

あなたの疑い深さ度

A 疑い深さ度90%

あなたは何事もかんたんには信じない人。疑い深いというよりは、疑問に思ったことは自分で調べて納得しようとする人だよ。

B 疑い深さ度50%

あなたは信じやすいと同時に疑い深い人。人の言うことをすぐ信じるわりには、それとは反対のことが頭にうかび、だんだん不安になっていくタイプだね。

> 幽霊なんていないよね？って言われて、そうだねって言ったあと、不安になるタイプ。ようは自分を信じていないのね。

C 疑い深さ度20%

あなたは自分を信じている人。何かを疑う前に、「ああ、そうか」となんでもすぐ納得できてしまうタイプ。

あなたが将来、友だちになりたい人の数

100人と答えた人もいれば、20人や3人と答えた人もいるかもしれない。友だちの数が多い、少ないはいいとか悪いとかではないよ。大切なことはどんな人と友だちになり、どんな友情を結ぶかなの。自分以外にだれも乗っていないと答えた人は、いまのところリアルな友だちはいなくていいと思っているのかも。でも、そういう人も自分の好きな小説の主人公や芸能人など、自分だけの心の友だちを持っているはずよ。

テスト 72 どんなふうに空を飛んでいた？

空を飛んでいる夢を見たあなた。
夢の中であなたはどんなふうにして空を飛んでいた？

A スーパーヒーローになって飛んでいた

B 魔法のじゅうたんに乗って飛んでいた

C たくさんの風船につられて飛んでいた

D 背中に羽が生えて飛んでいた

羽が生えてるなんて私たちといっしょじゃない。

➡診断結果は次のページ

診断 **72**

このテストでわかるのは……

あなたの夢を
かなえられるかどうか

Ⓐ 目標を決めればできる人

具体的な目標を決めて、その目標を達成するために何をすればいいのかを考えよう。努力家のあなたのことだから、人一倍努力することで、必ず夢をかなえることができるはずだよ。

Ⓑ 優先順位を決めればできる人

あなたはいろいろな夢があるようだね。あれもこれもやってみたくて、ひとつのことに目標を定められないみたい。でも、どんな夢も、その夢をかなえるための努力が必要だよ。まずは何からやっていくのがよいか優先順位を決めよう。

Ⓒ 長い時間をかければできる人

あなたの夢はまだはっきりした形をとっていないようだね。あなたにとって夢というのは、ぼんやりとして心地よい空想の世界と結びついていそう。それはいますぐかないそうなものではないかもしれないね。大きな夢なら、長い時間をかけて実現する計画を立ててみよう。

Ⓓ まわりに気をとられなければできる人

あなたは自分の夢をとても大事にしているね。だけど、どうしたらいいのかわからなくて悩んだり、夢をかなえている人をうらやましく思っているね。でも、自主的に行動しないと、かなう夢もかなわなくなってしまうから、自分のペースで着実に努力を続けていこう。

努力は夢への一歩よ。

テスト73 落ち葉はどうする?

落ち葉をたくさん集めてきたよ。
さて、なんのために集めたのかな?

A まとめて
ゴミに出す

B 畑や花壇の
肥料にする

C たき火にして
焼きいもを焼く

D しおりや
貼り絵にする

→診断結果は次のページ

167

診断 73

このテストでわかるのは……

あなたにアイデア力が あるかどうか

A アイデア力30%

あなたはお手本通りにやるのが上手そうだね。だけど、自分で工夫してと言われると、どうしたらいいのって、ちょっとまよっちゃうみたい。

でも、そのぶん、決められたことをきちんと守ることができそうだよ。

B アイデア力50%

あなたはお手本を参考にしながらも、お手本そっくりにはならないように、自分で工夫するタイプ。お手本よりももっといいものをつくろうと思って、がんばるタイプだね。

コツコツねばり強く、努力することができそうね。

C アイデア力70%

あなたはお手本通りではなく、自分の好きなようにやりたい人。お手本通りではつまらないという気持ちがあるようだね。

細かいところまでていねいに完成させていくのはちょっと苦手なんだよね〜。

D アイデア力90%

あなたはお手本を見ても、自分の考えがどんどんうかぶタイプ。自分のやりかたでやろうとするので、楽しいものになりそうね。

自分だけにしかできないものをつくり出したい芸術家タイプのようね。

テスト 74　どの仕事がしたい？

あなたはとある国の王女さま。国民のために大切な仕事をしているよ。
中でもあなたがいちばん好きで進んでやりたい仕事は、次のうちのどれ？

A
まずしさや災害にあって苦しんでいる人を元気づけにいく仕事

B
お忍びで街に出かけていき、庶民の生活を体験する仕事

C
活躍中の各界の有名人を招いて晩餐会を開き、賞を贈る仕事

テスト 75　あなたのお風呂の入りかたは？

次のうち、どれがいちばんあなたのお風呂の入りかたに近いかな？

A
さっと入って、さっと出る

B
ぬるめのお湯に長くつかっている

C
お湯につかるより、髪や体を洗う時間が長い

→診断結果は次のページ

診断 74　あなたの大切にしたいもの

Ａ　無限の愛

あなたは恋人同士の愛だけではなくて、地球上のみんながおたがいに愛し合うことが大切だと思っているよ。

> 愛があれば、悪魔のつけ入るスキはなくなるよね。

Ｂ　まぎれもない真実

あなたは時には知りたくない本当のことも、受け止めることが大切だと思っているよ。

> 本当のことがわかれば、悪魔にだまされないよね。

Ｃ　お金で買えないかけがえのないもの

あなたは自分のまわりの人や、思い出がいちばん大切だと思っているよ。

> このことを知っていれば、悪魔の誘惑には負けないよね。

診断 75　あなたが行動力があるかどうか

Ａ　思い立ったら、すぐ行動!

あなたはなんでもすぐやる、早くやる、うまくやれる!　と思っているようね。

> ただし雑にならないようにね!

Ｂ　準備に時間がかかるノロノロさん

あなたは行動に移すまでが遅い人のようね。準備に時間がかかるのかな。

> やらないといけないことは早めにやってみたらどうかな。

Ｃ　なんでもよく考える慎重派

あなたは行動力のある人だよ。何事もまちがいのないように、よく考えて、ていねいにやろうとするよね。

> 慎重になりすぎて、チャンスをのがすこともあるんじゃない?

テスト 76 どうやって取り返す?

恐ろしい妖怪に奪われた宝物を取り返しに行くよ。
あなたなら、どうやって取り返す?

A 妖怪と戦い、倒して奪い返す

B 妖怪がねているすきにコッソリ運び出す

C 妖怪と仲良くなって返してもらう

テスト 77 水晶には何が見える?

あなたは犯罪捜査に協力する霊感占い師。
水晶玉の中に何か手掛かりが。何が見える?

A いま現在、起きていること

B 過去に起こった出来事

C この先起きるかもしれないこと

やりたいことを反対されたときの態度

Ⓐ 自分の意思をはっきり主張する

あなたは自分の気持ちに正直な人。だから、まわりの人とぶつかっても、自分はこう思うとはっきり主張するはず。

Ⓑ まわりに合わせてしまう

あなたはまわりの人がどう思っているかを気にしちゃう人。だから反対されると、まわりに合わせてしまい、本当のことを言えなくなっちゃうことも。

Ⓒ 自分の気持ちをかくす

あなたは反対されると、一度自分の気持ちをかくすところがあるよ。笑顔で合わせたふりをしているけれど、本当はそうじゃないようね。

まわりの大人に求めていること

Ⓐ 自分を受け入れてほしい

うるさく文句ばかり言うのではなく、自分の欠点もひっくるめて受け入れてほしいと思っているよ。でも、人の意見も聞くようにしようね。

Ⓑ 自分の気持ちをわかってもらいたい

「どう思っているの？」「こう思っているんでしょ」とか、勝手に人の気持ちを決めつけないで、本当の気持ちをわかってほしいと思っているよ。

Ⓒ 子どもあつかいしないでほしい

子どもだから何もわかっていないと決めつけないで、いろいろなこときちんと説明してほしいと思っているよ。

でもさ〜子どものままのほうが楽なこともあるんじゃない？

172

テスト 78 どうやって行く?

塀の向こうに行きたいけど、門の扉は閉まったままだよ。
あなたなら、どうやって扉の向こう側に行く?

 A 扉を開ける鍵を探す

 B 扉をこわして開ける

 C 塀をよじ登って乗り越える

 D 扉が開くまで待つ

→診断結果は次のページ

A 慎重になりすぎず、流れに身を任せる

あなたは自分にもいつか運やチャンスがめぐってくるはずと期待している人。でも、実際に幸運が訪れたときには、にわかに信じられず、チャンスを取りのがしてしまうかも。運をつかむには慎重になりすぎないほうがいいよ。

B チャレンジしすぎずに慎重に

あなたは運やチャンスを手に入れるために、イチかバチかの賭けをする人。向こう見ずな挑戦をするタイプね。そのため、運をつかもうとして、かえってどん底に落ちてしまうことが。でも、ガッツがあるので必ずどん底から這い上がれる力を持っているはずよ。

C 努力を忘れずに、いままで通りに続ける

あなたは運やチャンスは自分の手でつかむものと思っている人。努力すれば運はつかめると思っているんじゃない？　そのため、うまくいかないことがあっても、めげずにがんばることができるはず。そういう人には必ずチャンスがめぐってくるはずだよ。

神さまはがんばる人をきっと見ていてくれるわ。

D のんびりしすぎず、ときには自分からつかむこと

あなたは運やチャンスがめぐってくるのをのんびり待っている人。実際、思わぬ幸運が舞い込むこともあるかもしれない。でも、のんびりかまえすぎて、チャンスをつかむ時期をのがしてしまい、あとになってあのときがチャンスだったと思うこともあるかもしれないよ。

テスト79 好きなコインを3枚選んで

次の中から好きなコインを3枚だけ選んでね。
あなたが選んだコインはA〜D、どれが当てはまる?

 A 100円玉と50円玉が入っている

 **B** 50円玉は入っているが100円玉は入っていない

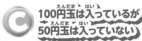 **C** 100円玉は入っているが50円玉は入っていない

 **D** 100円玉も50円玉も入っていない

このテストでわかるのは……

あなたが大金持ちになりたいかどうか

Ⓐ 大金持ちの暮らしを夢見てる人

あなたはすごくお金持ちになりたい人。将来、有名になって、豪邸に住めるようなお金持ちになりたいという望みを抱いているようだよ。夢をかなえるために、能力をみがいてがんばってね。

Ⓑ お金に困らない程度の暮らしを夢見てる人

あなたは大金持ちでなくてもいいけれど、小金持ちぐらいにはなりたい人。将来、別に有名にならなくてもいいので、ステキな家があって、お金にも困らないような生活がしたいと望んでいるようだね。まじめにがんばれば、その夢はかないそうだね。

Ⓒ お金よりも楽しく暮らすことを夢見てる人

あなたはそれほどお金持ちになることに興味はなさそう。将来、自分の好きなことや得意なことをして、暮らしていけたらいいなと思っているようだね。そのために、お金に困るようなことがあってはイヤだけれど、お金持ちになりたいというような欲はないよ。

Ⓓ お金持ちになることは無理とあきらめている人

あなたはそもそも自分がお金持ちになれるとは思っていなさそう。お金持ちになれる自信がないのかな？　それとも欲がないのかも。欲のない人は、一見負け組のように見えることがあるけれど、最後に逆転してお金持ちになってしまうこともありうるよ。

お金に興味ないなんて、ウソウソ。人間はしょせん欲深い生きもの。

お金持ちになるのを夢見ることは悪いことではないのよ。

テスト80 何から伝える?

先生からおうちの人への伝言をあずかった帰り道。すごくこわいことと、すごくうれしいことが起こったよ。さて、あなたは何から話す?

 A 先生にたのまれた大事な伝言から伝える

 B すごくこわかったことから伝える

 C すごくうれしかったことから伝える

→診断結果は次のページ

179

診断
80

ショックなことが起きたときのあなたの態度

A 落ち着いて物事を受け止められる

あなたはみんなが大さわぎしていても、冷静でいられるタイプ。みんなが大さわぎすればするほど冷静になり、落ち着いて行動しようとするよね。「みんな静かに」「落ち着いて」と声をかけ、まわりを落ち着かせる力もあるよ。

B 危険をすぐさまキャッチしてまわりに知らせる

あなたはみんなが大さわぎしていると、じっとしていられないタイプ。「どうしたの？」「それは大変！」と自分も大さわぎしてしまいそう。少しおさわがせタイプだけれども、本当に何か大変なことが起きたときには、いちばんにみんなに知らせてあげられる勇敢な人だよ。

C のんびりポジティブに受け止める

あなたはみんなが大さわぎしていても、わりと平気な顔をしているタイプ。「みんなどうしちゃったの？」「だいじょうぶだよ」と明るい笑顔をうかべていそう。あまり悪いことは起きないと思っているのね。心配している人を安心させてあげられる人だよ。

何か大きなトラブルが起きたときに、落ち着いて行動することができるのは自分を守るうえでもとても大切なことだよ。

テスト81 なんと言う?

小川にかかった丸木橋をバランスを取りながら渡ってくる子がいるよ。
それを見かけたあなたは、なんと言う?

 A 「危ない! 落ちるよ」

 B 「落ちないよう、気をつけてね」

 C 「おもしろそう! 私もやりたい!!」

➡診断結果は次のページ

179

このテストでわかるのは……

大事なことに挑戦する ときの成功率

A 成功率20%

あなたは大事なことに挑戦するとき、失敗するんじゃないかと不安になって、実際に失敗してしまう可能性があるよ。もっと、自分を信じなきゃダメだよね。自分を信じて、「だいじょうぶ、きっとうまくやれる」と言い聞かせて。

B 成功率50%

あなたは大事なことに挑戦するとき、慎重になりがちだよね。それで、緊張してしまい、うまくやれないことがあるかもしれないよ。もっとリラックスして、一度や二度、うまくいかなくても、「失敗してもどうってことないし」と、気楽に挑戦してみよう。

C 成功率90%

あなたは余計なことを考えずに、大事なことに挑戦できるよ。きっとうまくいくと信じているんじゃない？ そう信じることで気持ちを集中させて行動すれば、本当にうまくいくはずだよ。万が一、失敗することがあっても、その次はぜったいにうまくいくから、安心して。

成功するには努力すること、自分を信じることがとても大事なのよ。

テスト82　年下相手にどう思った?

年下の子のお世話をたのまれて、いっしょにゲームをして遊んでいるよ。
でも明らかに年下の子のほうが強い。あなたはどう思った?

A どっちにしろ初めから負けてあげるつもりだった

B つい負けたくないと思い、張り合ってしまった

C ゲームなんだから、ただルールにそってやるだけ

テスト83　あなたのお気に入りの場所は?

別荘に来たよ。あなたのいちばん好きな場所はどこかな?

A 窓際の椅子

B 屋根裏部屋の隅っこ

C だんろの前のじゅうたんの上

→診断結果は次のページ

診断 82　あなたの大人度

Ａ 大人度80%
あなたはわがままを言わず、自分勝手なことをせず、まわりのことを考えて落ち着いた行動がとれるようだね。

Ｂ 大人度30%
あなたは競争心が強くてわがままだけど、自分ではぜんぜんそうは思っていないようね。ただ、自分の好きなようにやりたいだけのタイプだよ。

Ｃ 大人度50%
あなたは大人に適当に甘えながらも、心の中では大人のすることを冷ややかにながめ、大人の言うことを半分しか信じていないところがあるみたいだよ。

診断 83　あなたのストレス解消法

Ａ 美しいものをながめる
ストレスを感じたら、花をかざったり、絵を見たり、かわいい洋服を着たりしてみるといいよ。美しいものにふれると、気持ちもおだやかになれるはず。

Ｂ 外の空気にふれる
ストレスを感じたら、部屋にこもっていないで外の空気にふれるのがいいよ。大きな木のある並木道や公園、土手の上を散歩するといいよ。

Ｃ すいみんをたっぷりとる
ストレスを感じたら、早めにねてしまおう。ベッドでゴロゴロしててもゆっくりできるけれど、体を動かして、しっかりねれば、頭もスッキリするはずだよ。

どの方法もストレスに効くのはまちがいなしよ。

テスト84 新しい洋服、どうする？

好きな男の子とデートの約束をしていたあなた。新しいとびきりかわいい服を着て出かけようとしたら、突然雨がふってきたよ。さて、あなたならどうする？

 A せっかくだから着ていく。少しぐらいの雨は気にしない

 B デートの時間を少しおくられてもらい、雨のようすを見てから判断する

 C 雨にぬれるのはイヤだから、いつもの服を着ていく

➡診断結果は次のページ

183

十年後のあなた

A 刺激のある波乱万丈な人生

あなたは、自分でも思ってもみなかった国で暮らしたり、考えてもみなかったことを仕事にしようとしているかも。自分の気持ちに素直なまま行動し、楽しい仲間と出会い、刺激のある生きかたをしているはず。でも、ひとつの仕事をずっと続けたり、どこかに落ち着いて暮らしていくというのと無縁そうね。

B 迷いながら自分の道を探す人生

あなたは夢や理想に向かって地道にコツコツ努力しているようだよ。ただ、まわりに流されそうになり、自分が進んでいる道がこれでよかったのか、しょっちゅう不安になってしまうみたい。振り子時計のように揺れる人生を送りそうだね。

> こんな人生は疲れるから、今から目標をしっかり立てて自信を持てば、だいじょうぶよ。自分のなりたいものになれるはずだし、まわりに流されないはずよ。

C 今と変わらないマイペースな人生

あなたは今とあまり大きく変わらない人生を送っているかもしれないよ。それはあなた自身の中に、人とちがうことや大きく変わることをイヤがる気持ちがあるからなの。でも、何事も少しずつ変化し、人は成長していくもの。気長に、いまやっていること、やりたいと思っていることをやり続け、時間をかけて大きな夢の花を咲かせられるようにしようね。

テスト85 あなたが幸せになるには?

たとえばあなたが魔法使いの見習いで、恐ろしい魔王につかまった王子を助けるために旅に出た場合、どんな試練が待ち受けていたかな? 想像しながらQ1から順に進もう。

Q1 旅立つとき、魔法王国の長老に手渡されたものは?

a ひと粒食べれば一年も歩き続けられる実⇒Q2へ

b かぶると姿が消え足跡も消えるマント⇒Q3へ

Q2 しばらく行くと道が二股に。あなたが進むのは?

a 岩だらけの荒野⇒Q4へ

b 迷宮都市⇒Q5へ

Q3 あなたの後ろを追ってきたものの正体は?

a 姿の見えない霧のような亡霊⇒Q6へ

b 黒いしっぽにうろこのある怪物⇒Q5へ

Q4 力尽きて倒れたあなた。あなたを助けてくれたのは?

a 狩りをしながら暮らす森の住人⇒Q7へ

b 森に囲まれたお城に住む貴族⇒Q8へ

Q5 鏡の世界に迷い込み、消えそうになったあなたの姿は?

a 頭の先から顔全体がぼうっと消えそうになっていた⇒Q9へ

b 足元からひざまでがぼうっと消えそうになっていた⇒Q8へ

➡続きは次のページ

Q6
邪悪な魔王の住む城が見えたよ。それはどんな城?

a 火を噴く山に囲まれた燃える城⇒**Q9**へ

b すべてが凍りついた氷の城⇒**Q10**へ

Q7
魔法王国の長老の死の知らせが。あなたが覚悟したことは?

a だれにもたよらず自分でやっていく⇒**Q14**へ

b 長老の教えを守りながらやっていく⇒**Q11**へ

Q8
仮面をつけた人物に襲われたよ。仮面をはがすと、現れたのは?

a 目も鼻もないのっぺらぼう⇒**Q12**へ

b けもののような顔⇒**Q11**へ

Q9
魔王の追手から逃げるために、あなたが変身した動物は?

a 空を舞うワシ⇒**Q13**へ

b ものすごく足の速い馬⇒**Q12**へ

Q10
追手の一撃で倒れたあなた。意識がうすれる中、見た光景は?

a 三途の川と渡し船⇒**Q17**へ

b 死者がほほ笑む花畑⇒**Q13**へ

Q11
旅に出る前に、魔法王国の長老から言われたことは?

a 仕返しをしてはならない⇒**Q14**へ

b ウソをついてはならない⇒**Q15**へ

Q12 薬を手に入れたよ。それは植物のどの部分からできたもの?

a 根っこの部分
⇒ Q15 へ

b 葉っぱの部分
⇒ Q16 へ

Q13 魔王に魂を抜かれたあなた。あなたの魂はどんな色?

a ほのかな赤い色
⇒ Q16 へ

b ほのかな青い色
⇒ Q17 へ

Q14 魔王を倒したあなた。国王を救い、あなたが向かった先は?

a 次なる使いのため
冒険の旅に出た
⇒ 188ページ タイプA

b 魔法王国に
帰ることにした
⇒ 188ページ タイプB

Q15 魔法王国に戻ったあなたは、その後、どのようにしてすごした?

a 長老の教えを受け継ぎ、
後継者を育てた
⇒ 188ページ タイプB

b いろいろな場所で、旅の
冒険談を語って聞かせた
⇒ 189ページ タイプC

Q16 命を救った国王に代わりに、国を任せると言われたあなたは?

a 申し出を受けて、
王座についた
⇒ 189ページ タイプC

b 自分は王者には向かな
いのでと、辞退した
⇒ 189ページ タイプD

Q17 自分の魂を取り戻したあと、たどり着いた国はどんな国?

a 善良な魔法使いたちが住む
とても平和な国
⇒ 190ページ タイプE

b 動物や植物が人間と同じ
言葉を話す不思議な国
⇒ 189ページ タイプD

➡診断結果は次のページ

診断85 大人になっても自分らしい幸せを見つけるヒント

タイプA 無邪気さと好奇心を持ち続けよう

大人になっても、子どものころのような無邪気さを失わないようにしよう。無邪気さとは率直で悪気のないこと。それはあなたの純粋さとつながっているよ。無邪気な人は好奇心も旺盛。興味のあることはなんでもやってみよう。やりかけたことは強い意志を持って必ずやりとげて。いつも前向きな気持ちを忘れないのが幸せになれる秘訣だよ。

タイプB 自分で自分をほめてあげよう

大人になっても、まじめさを失わないようにしよう。まわりでウソやごまかしをしている人がいても、まねしないで。自分だけは正直でいようと決め、心の中の気持ちに従って。やっていいことと悪いことの区別のできる人になることが大事。なまけたい心に打ち勝って、自分で自分をはげまし、努力を続けること。そして、そんな自分を「よくがんばっているね」とほめてあげると、幸せの扉が開くはずだよ。

天使からの幸せになる
メッセージを忘れないで。

タイプ C 自分に嘘をつかず正直でいよう

大人になっても、自分の気持ちを大事にしよう。人のやさしさも素直に受け取ることで、自分が愛されていることを信じ、まわりの人にはあたたかい気持ちで接しよう。でも、人に自分を好きになってもらうために、いい人であるふりをしたり、優秀な人であるふりをする必要はないよ。自分をよく見せるために、見栄を張る必要もないよ。あるがままの自分でいてだいじょうぶ。あなたは愛されて幸せな人になれるはずだよ。

タイプ D 子どものころの疑問を持ち続けよう

大人になっても、子どものころの疑問を持ち続けよう。大人になると、物事を深く考えもせず、そんなのはわかりきったことだとか、当たり前のことだという人がいるよ。でも、疑問を持ち続けることは大事。だから、変な人だと思われても、質問したり、調べてみたりする気持ちは忘れないで。「なぜ?」「どうして?」「これはどういう意味なの?」と不思議に思い続けることで、あなたの知識は広がって、人生は豊かになっていくの。いつか幸せの意味にも気づくはずだよ。

でもさ〜。いつまでも子どものころと変わらない純粋さをキープするなんて無理。

タイプE よい仲間や先生を見つけよう

大人になっても、友だちを大切にしよう。友だちが必要なのは子どものときだけではないよ。大人になってからのほうが、もっと本当の友だちを必要としているの。友だちや仲間とのつながりを大切にしよう。でもだれとでも仲良くする必要はないから、おたがいに相手を思いやることのできる人と友だちになろう。信頼できる友だちがいれば、悩みを打ち明けることもでき、心が軽くなるよ。おたがいの幸せを祈り、相手の幸せを喜び合うこともできるはずだよ。

幸せになるヒントはたくさん。何かに挑戦する気持ちや勇気、まわりにいる友だちや家族を大切に、幸せな大人になってね。

いつまでそんなこと言ってられるかしらね〜。友だちがいなくても幸せを感じられなくてもだいじょうぶ。だってあなたのそばには私がいつもいるから。

コラム 天使と悪魔のおまじない

恋も友情もうまくいく、おまじないを教えちゃうよ。

好きな人と両想いになれるおまじない

小さい紙を2枚用意して一方に自分の名前を、もう一方に好きな人の名前を書いて。クルクルと巻いてのりで貼ったら、ふたつを赤い糸で結び、だれにも見られないところにしまってね。きっと両想いになれるはず♥

ケンカした友だちと仲直りできるおまじない

両方の手のひらを上向きにして、一方の手にあなたの心をイメージした丸い球を、もう一方の手に友だちの心をイメージした丸い球をのせて。両方の手のひらを合わせて、ふたつの球をひとつに合わせよう。今度友だちに会うときに、うまくあやまれるはずだよ。

イヤな気持ちを消してくれるおまじない

人の耳はイヤなことを聞くのは左耳から入るといわれているの。もし自分の悪口を耳にして、頭から離れないときは 左肩をポンポンと払うといいよ。イヤな気持ちもスッと消えてくれるはず。

テストがうまくいくおまじない

第三の目

テスト用紙に名前を書いたあと、背筋を伸ばし目を閉じて額のところにある「第三の眼」（右図）を意識しながら鼻からゆっくり空気を吸って。静かに吐きながら目を開け、問題を解きはじめてみて。

中嶋真澄

心理テストに関する著書累計120万部のベストセラー作家。WEB、雑誌、TV・インターネットTVなどにも多数の心理テストを出題、出演もしている。主な著書に、『面白すぎて時間を忘れる心理テスト』（三笠書房）、『思わず他人に試したくなる「心理テスト」』（PHP研究所）ほか、子ども向けには『ミラクル♥魔女の心理テスト』『コワイほどあたる!最強心理テスト』（ポプラ社）などがある。

公式サイト◆http://majika-nakajima.com/
エニアグラムアソシエイツ◆https://enneagramassociates.com/

STAFF

キャラクターイラスト★おうせめい
本文イラスト★市井あさ、莵乃るぅ、おうせめい、かなき詩織、
白沢まりも、星乃屑ありす、ミニカ
デザイン★ダイアートプランニング（白石友祐、松林環美）
校正★株式会社みね工房
編集協力★加藤千鶴、嶋貫ひかり、株式会社童夢

ホントの自分はどっち？ 天使と悪魔の心理テスト

2020年 4月24日　初版発行

著　者	中嶋真澄
発行者	鈴木伸也
発　行	株式会社大泉書店
住　所	〒101-0048
	東京都千代田区神田司町2-9
	セントラル千代田4F
電　話	03-5577-4290（代）
ＦＡＸ	03-5577-4296
振　替	00140-7-1742
印刷・製本	株式会社光邦

©Oizumishoten 2020 Printed in Japan
URL　http://www.oizumishoten.co.jp/

ISBN 978-4-278-08593-8　C8076